Norbert Rosing

IM REICH DER
EISBÄREN

Tecklenborg Verlag

Nachfolgende Doppelseite: Nach einer Nacht von -38° C
hatte sich der Churchill River in eine Märchenlandschaft
verwandelt. Durch den Wasserdruck der Gezeiten
brach das Eis auseinander, und es bildete sich ein kleiner
Bach auf dem Eis, an dem ein Eisfuchs entlangschnürte.
Die Februarsonne warf einen langen Schatten.

Der Inhalt dieses Buches wurde auf Papier
mit chlorfrei gebleichtem Zellstoff gedruckt.
Das Einbandmaterial ist recyclebar.

Die Deutsche Bibliothek – CIP Einheitsaufnahme

Im Reich der Eisbären
Norbert Rosing
Steinfurt, Tecklenborg Verlag, 2006
ISBN 13: 978-3-934427-99-0
ISBN 10: 3-934427-99-5
NE: Rosing, Norbert

3. Auflage 2008
© 2006 by Tecklenborg Verlag
Siemensstraße 4, D-48565 Steinfurt

Gesamtherstellung: Druckhaus Tecklenborg, Steinfurt

ISBN 13: 978-3-934427-99-0
ISBN 10: 3-934427-99-5

INHALT

Eine Weile ruhte sich die kleine Eisbärenfamilie auf ihrem Weg zur Küste aus. Das junge Bärchen
hatte es sich auf Mutters Rücken bequem gemacht. Die Unruhe trieb die Bärin aber weiter
und sie stand auf, um ihren Weg fortzusetzen. Mit aller Kraft hielt sich das Junge im Pelz der
Mutter fest und blieb dort einige Sekunden hängen, bevor die Mutter es abschüttelte.

VORWORT

Solange sich noch das Ohr an das Brechen der Wellen auf hoher See erinnert; solange das Auge den Glanz der Nordlichter über den schweigenden Schneefeldern sehen kann; so lange wird ohne Zweifel das Unbekannte rastlose Seelen in die großartigen Weiten der Arktis locken.

Polarforscher Roald Amundsen, *Unser Polarflug (1925)*

Die Erfahrung, in der Arktis zu leben, ist nur den wenigsten Menschen vergönnt. Die Sommertage, wenn die Tundra in vielen Farben blüht und die wilden Beeren reifen, erscheinen endlos. Dann sind die Mückenschwärme so dicht, dass die Karibus an die Küste ziehen, um in einer kühlen Brise Linderung zu finden. Im Winter wird die ewige Nacht allein von dem gelegentlichen Feuerwerk der Nordlichter erhellt.

Wir haben das Glück, unter Führung von Norbert Rosing eine Entdeckungsreise in den nördlichsten Teil der Erde machen zu dürfen. Seine sensiblen Fotos zeigen uns die wunderbare, abenteuerliche und zerbrechliche, legendäre Weite der Arktis. Norbert gibt sich nicht damit zufrieden, einfach nur exotische Tiere in ungewöhnlicher Umgebung abzubilden. Seine Gabe als Fotograf ist die unstillbare Neugier auf die Natur. Seine Kunst zeigt sich in Fotos, in denen Licht, Farbe und Bewegung zu einem Bildteppich verwoben sind, der uns Geschichten über das Leben im hohen Norden erzählt.

In diesem wundervollen Buch begleiten wir Norbert in eine der abgelegensten Regionen der Erde, um den Eisbär zu treffen – ganz nahe und sehr persönlich. Wir werden Zeuge, wie Bären grollend aufeinander treffen und wir sehen Bärenmütter, die sich mit endloser Geduld von ihren Jungen am Ohr zerren lassen. Norberts Liebe zum Norden wird nur von seiner Liebe zu den Eisbären und zur Fotografie übertroffen. Es gibt wohl keinen anderen Fotografen, der das komplexe Leben eines Eisbären besser versteht und auf derart eindrucksvolle Weise zu schildern weiß als Norbert Rosing. Seiner Intuition und Zähigkeit verdanken wir Einblicke in eine Bärenhöhle und dürfen den Eisbären und ihren bezaubernden und scheuen Begleitern, den Polarfüchsen, über das zugefrorene Meer folgen.

Wenn wir die Seiten dieses Buches umblättern, wird unmittelbar deutlich, dass die angeblich so leere Weite der Tundra voller Abenteuer und Gefahren ist. Der Eisbär steht nicht allein in seinem Kampf ums Überleben in einer harten Umwelt. Moschusochsen bilden einen schützenden Kreis, um ihre Jungtiere vor angreifenden Raubtieren zu schützen. Im nahenden Frühling säugt eine Walrosskuh ihr Junges auf einer Eisscholle, während sie wachsam die Eisbärin und ihr Junges beäugt. Fast glauben wir das Gebrüll der Walrossherde zu hören, die sich beim Nahen eines neugierigen und hungrigen Eisbären ins Wasser stürzt.

In den langen Winternächten sorgt das Nordlicht für noch mehr Dramatik im Wechselspiel zwischen Tieren und arktischer Szenerie. Dieses Buch belegt einmal mehr Norberts poetisches Talent, dem es gelingt, die zarten Formen und Muster der Aurora borealis und anderer Wetterphänomene in Bilder zu gießen.

Der Abenteuer-Teil dieses Buches ist ein Muss für jeden, der wissen möchte, wie man in einer Region mit extremen Wetterlagen überlebt. Wenn ich, als Norberts Redakteur beim National Geographic Magazine, Fotos von seinen gefährlichen Ausflügen sah, blieb mir nichts übrig, als mahnend zu sagen, „Norbert, mach das nie wieder!" Normalerweise folgte dann ein Schweigen am anderen Ende der Leitung und die Antwort, „so schlimm, wie es aussieht, war es gar nicht." Norbert hat für die außergewöhnlichen Aufnahmen in diesem Buch sein Leben riskiert.

Jemand hat einmal gesagt, das Leben wird nicht durch die Zahl unserer Atemzüge bestimmt, sondern durch die Momente, die uns den Atem verschlagen. Im „Im Reich der Eisbären" zeigt uns Norbert Rosing das Leben in seiner Fülle.

John A. Echave, Senior Editor, *National Geographic Magazine*

EINLEITUNG – WAPUSK NATIONALPARK

Der Wapusk Nationalpark ist fast ein Synonym für Eisbären, bedeutet das Wort in der Sprache der Cree-Indianer doch „weißer Bär". Ehe Sie die Seite umblättern, um die spektakulären Fotos zu betrachten, erlauben Sie mir einige Worte über die Beziehungen zwischen den Bären und dem Land.

Der Park wurde 1996 eingerichtet; er umfasst das Tiefland um die Hudson Bay und James Bay und stellt damit ein weiteres Highlight in den weltberühmten Nationalparks Kanadas dar. Die Auswahl des Gebietes erfolgte nach nationalen und internationalen Kriterien; es zeichnet sich durch biologische Vielfalt, als Lebensraum für Zug- und Brutvögel und für Eisbären aus. Wie in allen kanadischen Nationalparks werden in Wapusk nicht nur das Land und sein Ökosystem geschützt, um es für künftige Generationen zu bewahren, sondern der Nationalpark bietet den Besuchern an, die Natur zu erleben und Urlaub zu machen.

Er beginnt an der Westküste der Hudson Bay, wo das Meer in die Gezeitenzone übergeht, erstreckt sich über alte Uferlinien und Feuchtgebiete, durch Moore mit endlosen Teichen und Flüssen bis zur Grenze der endlosen Nadelwälder, wo die Taiga an die Tundra grenzt. Hier liegt die südliche Grenze der Arktis, die Heimat des Eisbären.

Eine einzigartige Kombination aus Eis, Klima, Meeresströmungen, Lebensräumen und dem biologischen Überlebenswillen treibt die Eisbären in den Wapusk Nationalpark. Eisbären halten sich die meiste Zeit des Jahres auf dem vereisten Meer auf. Da das Eis in der Hudson Bay völlig schmilzt, müssen die Bären auf das Festland ausweichen. Das schmelzende Eis wird von der Meeresströmung nach Süden getrieben, sodass ein großer Teil der Eisbärpopulation aus dem Westen der Hudson Bay in Wapusk strandet. Auf dem Festland halten sich die Bären in Küstennähe auf und warten darauf, dass das Meer wieder gefriert. Die trächtigen Eisbärinnen haben ein anderes Ziel. Sie wandern weiter ins Landesinnere in den westlichen Teil von Wapusk, wo sie die besten Möglichkeiten vorfinden, ihre Höhlen zu graben. Darin bringen sie ihre Jungen zur Welt und verlassen sie erst gegen Ende des Winters. Dann wandern sie mit ihren Jungen zurück zur Hudson Bay und gehen auf die Jagd.

Der Grund für die Konzentration der Höhlen dort ist in den naturräumlichen Bedingungen zu suchen. Die Bärinnen graben ihre Höhlen lieber in die Erde als vollständig in den Schnee, und eine gute Höhle muss folgende Bedingungen erfüllen: Sie muss vom Schnee zugeweht werden, der als Isolation dient und die Höhle vergrößert; der Boden darf keine Steine und andere Hindernisse enthalten, und das Dach der Höhle darf nicht einstürzen. Die Teiche und Bäche in dem Sumpfgebiet mit den Krüppelfichten an den Ufern sind ideal. Die Uferböschungen sind mehrere Meter hoch und fast vertikal, und die verflochtenen Wurzeln der Fichten geben der Höhlendecke Stabilität. Stämme und Äste der Bäume halten den Schnee fest, der von den Nordwestwinden angetrieben wird und türmen ihn zu großen festen Schneewehen auf; kurz, der ideale Ort für eine Bärenhöhle.

Kanada legt bei der Verwaltung seiner Nationalparks großen Wert darauf, die Umwelt intakt zu halten. Das bedeutet für die Eisbären, dass der Park vor Entwicklungsprojekten und Veränderungen geschützt wird; sie sollen möglichst ungestört bleiben. Es ist unsere Aufgabe, diesen Naturraum für die Kanadier zu bewahren, damit sie diese prachtvollen Tiere in ihrer natürlichen Umgebung beobachten können. Wir sind auch Führer, die den Besuchern aus aller Welt diesen Park mit Ausflügen und Schulungen erschließen. Dieses Buch ermöglicht uns einen Blick auf die Eisbären und ihre Welt, sowohl im Wapusk Nationalpark als auch an anderen Orten in Kanada.

Campbell Elliot, Leiter, *Wapusk Nationalpark*

MEIN AUFBRUCH IN DIE ARKTISCHE WELT

Mein arktisches Abenteuer begann in der Bibliothek von Winnipeg an einem Spätnachmittag im Februar 1983. Einige Stunden vorher war ich mit dem Bus aus Montreal angekommen. Ich wollte eine Nacht in der Hauptstadt von Manitoba verbringen, ehe es weiter nach Westen ging. Über die Karten von Kanadas Norden gebeugt, ging ich die geplante Route durch, als mich ein junger Inuk ansprach. „Planen sie eine Reise in den Norden?" Als ich nickte, fuhr er fort, „die wichtigste Erfahrung in der winterlichen Arktis wird sein, die Kälte zu lieben. Zum Glück müssen Sie nicht bis zur Resolute Bay fahren. Nehmen sie einfach den Zug nach Churchill." Er zeigte auf einen Punkt an der Küste der Hudson Bay. „Wenn es dort nicht kalt genug ist, schlage ich eine Reise an den Südpol vor."

Da mir sein Rat einleuchtete, nahm ich am nächsten Morgen den Zug nach Churchill. Nach einer 36stündigen Fahrt durch die zunächst offene winterliche Prärie und einen scheinbar endlosen Nadelwald erreichten wir unser Ziel. Ein überraschender Sturm hatte den Ort in eine Eiswüste verwandelt. Ich zog mich in meinen Parka zurück, wie eine Schildkröte in ihren Panzer, schulterte den schweren Rucksack und kämpfte mir einen Weg zum einzigen Hotel am Ort frei.

Die beiden nächsten Tage waren vertan – ich hatte einfach keine Erfahrung mit der Arktis. Ich sah überwältigende Nordlichter, doch mein Film fror ein und meine Kamera funktionierte nicht mehr. Als ich den Ort fluchtartig in einem Flugzeug verließ, hatte ich noch keine Ahnung, dass Churchill und der hohe Norden einst mein zweites Zuhause sein würden.

In den nächsten fünf Jahren ging mir das Nordlicht nicht mehr aus dem Kopf, also kehrte ich im März 1988 zurück. Es stellte sich heraus, dass ich eines der besten Jahre für dieses spektakuläre Phänomen erwischt hatte und konnte meine Begeisterung kaum zügeln. Das blieb den Einwohnern nicht verborgen und sie boten mir ihre Hilfe an, weitere Motive zu finden: ziehende Schneegänse, das aufbrechende Eis, Belugawale, Wildblumen und natürlich Eisbären.

Seit jenen ersten Besuchen im hohen Norden hatte ich mich von einem Hobby- in einen professionellen Fotografen verwandelt. "Up Here", wie die Einwohner Nordkanadas liebevoll ihr Land nennen, gehören Stunden totaler Frustration und Momente hemmungslosen Glücks zum Leben jedes Fotografen. Man sitzt stundenlang in einem Zelt, bis ein Sturm nachlässt, kämpft mit kaputter Ausrüstung und ist zur falschen Zeit am falschen Ort – ein elendes Leben. Wenn es aber gelingt, eine Eisbärin mit ihrem Jungen beim Spiel einzufangen oder unter einem wolkenlosen Himmel durch ein unberührtes Wunderland zu reisen, sind diese Zeiten vergessen. Ist man mit erfahrenen Führern und Experten unterwegs und kultiviert seine Geduld, hält man den Schlüssel zum fotografischen Erfolg in Händen. Um einen Augenblick in der Wildnis einzufangen, braucht man 1/250 Sekunde; den richtigen Ort und die richtige Zeit mit der richtigen Ausrüstung abzupassen, kann Wochen oder Jahre dauern.

In den letzten zwei Jahrzehnten bin ich mindestens zweimal pro Jahr in Churchill gewesen. Außerdem hatte ich die Gelegenheit, noch weiter nach Norden zu reisen: Ich habe Polarfüchse und Moschusochsen auf der Victoria Insel, Walrosse in Coral Harbour und Igloolik, Belugawale vor der Somerset Insel und Narwale vor der Baffin Insel fotografiert. Doch der Eisbär blieb mein wichtigstes Motiv, seit ich meinen ersten Bär schwimmend in einem See des Nordens sah. In jenem ersten Moment schoss mir das Adrenalin in die Adern, ich fühlte eine Mischung aus Respekt und Ehrfurcht, die mich noch heute antreibt, wenn ich Ursus maritimus und seine arktische Heimat besuche.

Wie jedes andere Fieber äußert sich auch die Infektion mit dem Eisbär-Virus in vielen Symptomen, das wichtigste ist vielleicht die schiere Bewunderung für die Bären. Unterschwellig geht damit auch eine tiefe Bewunderung für den gesamten Norden einher, wo der Geist frei über eine weite Landschaft schweifen kann. Die Sinne werden geschärft, die Fülle dieses kargen Landes zu spüren, wo sich die saubere, eisige Luft mit den Rufen der Kraniche füllt, wo Taucher und Wildgänse über den Himmel ziehen und das unerbittliche Summen eines Mückenschwarms um den Kopf kreist.

Dieses Land verlangt Respekt. Doch trotz seiner Abgeschiedenheit, Größe und scheinbaren Kraft ist der hohe Norden äußerst fragil. Klimaänderungen, Öl- und Erzförderung, Überjagung – all dies beeinflusst eine genau ausbalancierte und miteinander wechselwirkende Natur.

Aktion pur! – Der Tag verlief normal, der Himmel war grau und es schneite. Am späten Nachmittag riss der Himmel auf und eine gleißende Sonne schien vom klaren Novemberhimmel. Der Schnee war pulvrig gefallen und noch nicht vom Wind verblasen. Zwei große Eisbärenmännchen erwachten aus ihrem Mittagsschlaf und begannen

miteinander zu spielen. Ein leichter Wind kam auf, und von den spielkämpfenden Eisbären verwehten lange Schneekristallfahnen, die gegen die Sonne glitzerten. Das Spiel der Bären wurde immer heftiger. Ich hörte den schweren Atem und das Sausen der Pranken, den dumpfen Klang der Körper, wenn sie auf den Boden fielen und das Brechen der Zweige, wenn sie in eine Fichte stürzten. Sie verbissen sich im Nacken des anderen und einer riss ein Stück Fell heraus, spie es aus, und mit offenem, angriffslustigem Maul ging es über zur nächsten Attacke.

Frühling

Schlafendes Eisbärenbaby

Eisbären sind hervorragende Schwimmer
und Taucher. Diesen Bären konnte
ich während eines Hubschraubrfluges
von oben tauchend fotografieren.

Eisbärenmütter mit einem Jungen müssen als Ersatz für ein Geschwisterchen herhalten. Ständig will das Junge beschäftigt sein und lässt der Mutter keine Ruhe. Sie scheint mich fragen zu wollen: „Willst du den Quälgeist nicht mal für ein paar Minuten übernehmen?"

Wenn sich im Mai im Süden bereits die ersten, zarten Zeichen des Frühlings zeigen, liegen die Temperaturen im Tiefland der Hudson Bay knapp unter dem Gefrierpunkt. Ein bitterkalter Nordwind bläst dunkelgraue Wolken über das Land. Der Frühling kann noch immer nur erahnt werden. Doch dann dreht sich der Wind von Nord auf Süd, die Wolkendecke reißt auf und wärmende Sonnenstrahlen übergießen das Land. Innerhalb weniger Tage scheint die Natur zu neuem Leben zu erwachen. Die Tiere und Pflanzen sehnen sich nach Licht und Wärme nach dem langen arktischen Winter. Die Aufbruchstimmung ist allerorten buchstäblich greifbar. Die Eisbären kommen mit ihren Jungen aus den Höhlen, die Schneehühner suchen nach den Weidenknospen, in die der Saft schießt, tausende von Seehundbabys werden geboren, Milliarden von kleinen Krebsen besiedeln die Unterkannten des Eises. Überall entsteht neues Leben. Die Luft ist erfüllt von den Rufen der Kraniche und Gänse, die zu Hunderttausenden das Land auf ihren jährlichen Routen zu den Nistplätzen weit oben im Norden überfliegen. Jeden Tag treffen neue Sommerbesucher ein, um am kurzen arktischen Sommer teilzuhaben.

INTIMES LAND

Erst im Jahr 1966 wurde bekannt, dass sich hier an der Küste der Hudson Bay, nur etwa 60 Kilometer südöstlich von Churchill, eines der größten Geburtshöhlengebiete der Eisbären weltweit befindet. Lange Jahre blieb es geheim oder besser gesagt, es interessierte niemanden. Es war ein Land fernab jeglicher Motorschlittenstraßen und gefürchtet wegen seines unwirtlichen Wetters, eisiger Kälte im Winter und undurchdringlichen Sümpfen im Sommer. Ein intimes Land, in dem eines der behütesten Geheimnisse der Tierwelt stattfindet, die Geburt der mächtigen Eisbären.

Anfang der 1980er Jahre stieg das Interesse an Eisbären, deren Lebensraum und an Bildern von ihnen. Vielfach wurde in diesen Jahren von Forschern und Fotografen versucht, den, wie ich ihn nenne, „Heiligen Gral" der Eisbärenfotografie zu besichtigen; eine Bärenfamilie, die mit den Jungen den Bau verlässt. Bisher gab es davon keine Bilder aus diesem Gebiet. Freunde von mir in Churchill durchlitten sehr harte Zeiten mit größten Entbehrungen, als sie sich tagelang bei eisigen Temperaturen in Zelten und Schlafsäcken warmhielten. Sie kämpften mit nicht mehr anspringen wollenden Motorschlitten, mit vereister Ausrüstung, mit Erfrierungen und Frust. Letzendlich, nach mehreren erfolglosen Jahren, gaben sie entnervt und erfolglos auf. Man hatte das Gefühl, dass dieses Land seine Bären schützt und seine Geheimnisse nur sehr widerwillig preisgeben wollte.

Mein Guide und ich hatten uns für viele Stunden vor dieser Bärenhöhle im Schnee eingegraben und saßen absolut still. Würden die Bären noch vor Sonnenuntergang aus dem Bau kommen? Nur wenige Minuten, bevor sich die Sonne verabschiedete, lugte plötzlich ein kleines Bärchen aus der Höhle, beschnupperte die Luft und verharrte für einige Sekunden. Es war das erste Bild von einem Bärenjungen in einer Höhle, dass in diesem Gebiet je fotografiert wurde.

Auch mich reizte diese Herausforderung ungemein, und ich überlegte jahrelang, wie ich diesen Traum unter nicht allzu großen Mühsalen realisieren könnte. Anfang der 1990er Jahre ergab sich die Gelegenheit, als mich die Besitzer der Wat'chee Lodge fragten, ob ich Interesse daran hätte, mit ihnen dieses Gebiet im März zu erkunden und die Bärinnen zu suchen. Mike und Morris Spence mit ihrer Crew hatten sich zum Ziel gesetzt, diesen „Heiligen Gral" den Menschen zu öffnen, unter strengen Auflagen. Die Saison dauert nur drei Wochen im März. Die ersten Jahre versuchten wir es unter extrem harten Bedingungen. Tagelang waren wir mit den Motorschlitten unterwegs, legten hunderte Kilometer über harte Schneewehen und durch dichtes Gestrüpp zurück. Erfroren uns das Gesicht, die Finger und Füße. Ich drehte mir bei einem Sturz mit dem Motorschlitten den Meniskus aus dem Knie und verbrachte dann zehn Tage in einem Holzkasten, der hinter dem Schlitten hergezogen wurde. Ich weiß bis heute nicht, wie ich das überstanden habe. In einem anderen Jahr brach ich mir das Schulterblatt, als die Tundra nach Eisregen spiegelglatt geworden war und ich auf einen winzigen Eishügel fiel. An normalen Tagen war das Highlight die heiße Suppe, die uns Mike im Windschatten eines Schlittens zubereitete. Doch wir hatten nur mäßigen Erfolg. Das Reisen offenbarte mir aber den wahren Zauber dieses einsamen Landes. Morris, der ein exzellenter Fährtensucher ist, entwickelte mehr und mehr ein Gefühl für die Bären und wo er sie finden könnte. Die Bilder, die ich in den nächsten Jahren fotografieren konnte, gingen um die Welt und zogen natürlich viele andere Besucher, Fotografen und Filmteams an. Heute denke ich oft mit Wehmut an die ersten Jahre zurück, als ich noch die Ruhe des Landes und die Faszination Eisbär nur mit meinen Führern teilte und wir einfach innehielten und uns bewusst machten, was für seltene und ergreifende Szenen wir beobachten durften. Heute teilt man dieses Abenteuter mit etwa fünfundzwanzig anderen Gästen. Von Ruhe ist nicht mehr die Rede.

An einem Abend in die Lodge zurückgekehrt, befragte ich Morris zu seiner Einstellung zum Land, den Bären und seiner Fähigkeit, die Bären zu finden:

„Es gibt kein Geheimnis", antwortete er. „Das ist Stammesland. Ich habe alles von meinem Vater, Familienmitgliedern und Freunden gelernt. Ich kann die Wolken lesen und Wetteränderungen vorhersagen, die Farbe des Eises, die Schneeverwehungen. Ich bin mit offenen Augen und Geist unterwegs und versuche, mich in eine Eisbärmutter zu versetzen, die nach einem sicheren Unterschlupf sucht. Natürlich ist auch für mich dieses Land ein beeindruckendes Land, aber anders als für euch Besucher. Wir (Indianer) leben hier, wir kennen es seit Generationen nicht anders. Wir jagen hier Karibus und stellen Fallen für Füchse, Marder und Vielfraße. Es ist unser Zuhause. Hier kann ich mich nicht verirren, weil ich jede Senke, jeden Bachlauf und die Anordnungen der Bäume kenne. Die Eisbären sind nur ein Teil des Ganzen, aber ein wichtiger Teil. Ich liebe dieses Land und möchte es auch so an meine Kinder und Enkel weitergeben. Hier bin ich zufrieden, brauche keine materiellen Reichtümer. Reich bin ich, wenn ich meinem kleinen Sohn zum ersten Mal einen Eisbären mit Jungen an der Höhle zeigen kann, dann wird mir warm ums Herz. Für Momente wie diese lebe ich."

In Erwartung des Frühlings graben die Bären in Wapusk große Erdhöhlen oder beziehen alte, die seit Generationen benutzt werden. Die Bärinnen in anderen Regionen suchen nach passenden Schneeverwehungen, in denen sie bequeme Höhlen graben. Meistens legen sie einen einzigen Raum von etwa 2 – 3 m Durchmesser und einer Höhe von 1,20 m an, auch zwei- oder dreikammerige Höhlen sind nicht ungewöhnlich. Das Dach der Höhle ist dünn genug, um Atemluft durchzulassen.

In ihren *Igloovikus*, so nennen die Inuit diese Höhlen, wechselt die Bärin zwischen Schlaf und Wachen, während sie von den Fettvorräten lebt, die sie sich im letzten Winter angefressen hat. Die Babys werden irgendwann zwischen November und Dezember geboren. Eine typische Eisbärfamilie besteht aus der Mutter und einzelnen Jungen, Zwillingen, oder selten auch Drillingen; ein einziges Mal wurde eine Vierlingsgeburt bestätigt.

Ein neugeborener Eisbär ist kleiner als ein Eichhörnchen und wiegt weniger als 1 kg. Er ist beinahe nackt, blind und vollständig hilflos. In dieser Situation wäre er der Kälte nicht gewachsen. Wissenschaftler haben herausgefunden, dass die Körperwärme der Mutter zusammen mit der isolierenden Schneedecke die Innentemperatur in der Höhle einige Grad über dem Gefrierpunkt hält, unabhängig von den Frosttemperaturen außerhalb der Höhle. In den ersten drei Lebenswochen liegen die Jungen auf dem Oberschenkel der Bärin ohne Kontakt zum gefrorenen Boden.

Obwohl die Jungen hilflos erscheinen, sind sie bereits mit langen, scharfen Krallen bewehrt, mit denen sie sich den Weg durch das dichte Fell der Mutter bis zu den Zitzen bahnen. Eisbärinnen erzeugen eine fette Milch mit etwa 30 – 40 % Fettgehalt, die die Jungen schnell heranwachsen lässt. Nach nur einem Monat dieser kalorienreichen Diät beginnen sie zu krabbeln. Im Alter von sechs Wochen, wenn sie etwa 11 kg wiegen, öffnen sie ihre Augen vollständig und halten die Balance. Nun sind sie bereit, die Höhle zu verlassen.

Etwa um diese Zeit werden die Tage länger und wärmer und die Bärin kriecht ins Freie, um die Glieder zu strecken. Nach den langen Monaten in der Höhle ist ihr Fell verdreckt und voller Eisklumpen. Nachdem sie ein paar Mal allein draußen war, ermuntert sie schließlich ihre unwilligen, pummeligen Jungen, ihr in die Welt dort draußen zu folgen. Zunächst halten sie sich noch dicht bei ihrer Mutter auf, doch dann beginnen sie zu spielen; sie werden stärker und verbessern ihre Koordination im Schnee. In der ersten Zeit bleiben sie in der Nähe der Höhle, in die sie sich bei Gefahr oder schlechtem Wetter zurückziehen. Doch die Gewöhnung an die harten Bedingungen der winterlichen Arktis ist ein Teil des Lebens und je schneller dies den Jungen gelingt, desto besser werden ihre langfristigen Überlebenschancen.

Eine frisch gegrabene Eisbärenhöhle von innen, die als Tagesbau diente. Wenn die Jungen von den Wanderungen zu erschöpft sind, oder die Tiere vor einem herannahenden Sturm Schutz suchen wollen, gräbt die Mutter innerhalb weniger Minuten eine tiefe Höhle in die lockeren Schneewehen. Hier bleibt die Familie, bis sich die Bedingungen gebessert haben und sie ihre Wanderung fortsetzen können.

Bei schönem, ruhigen Frühlingswetter bleibt viel Zeit für die Bärin, sich mit dem Jungen zu beschäftigen. Oben auf einer Schneewehe ließen sie sich nieder und boten mir ein faszinierendes Beispiel von Zuneigung zwischen Bärin und ihrem Jungen. Teilweise nahm das Spiel sehr menschliche Züge an.

Zwischen hohen Fichten und in tiefem Schnee fühlte sich diese Bärin mit ihren
Zwillingen wohl. Ein bitterkalter Wind blies durch die Bäume. Die Mutter nahm beide
Bärchen zwischen sich, um sie zu wärmen und zu schützen.

Die Verspieltheit der Jungen ist schon legendär. Ständig krabbeln sie
auf der Mutter herum. Eisbärenmütter erziehen ihre Jungen alleine.
Der „Vater" würde, falls er auf die Familie träfe, die Jungen sofort töten.

Die Schneewehe war einfach zu hoch! – Die Bärin überstieg auf ihrer Wanderung die Schneewehe ohne Probleme. Als sie schon mehr als fünfzig Meter weiter gezogen war, merkte sie an den kläglichen Rufen des Babys, dass es ihr nicht mehr auf den Fersen folgte. Dennoch ließ sie es für einige Minuten zappeln. Ständig versuchte das Kleine, die steile Schneewand hochzuklettern, doch es rutschte immer wieder zurück. Schließlich gab die Bärin nach, kam zurück, reichte dem Kleinen den Kopf als Stütze, und endlich überwand es die hohe Barriere.

Seit neun Monaten hat die Bärin keine feste
Nahrung mehr zu sich genommen. In der
Zwischenzeit grub sie eine Höhle, brachte die
Jungen zur Welt, säugte und wärmte sie
und jetzt, Anfang März, kommt die junge Familie
zum ersten Mal in die Sonne, wo die Jungen
natürlich sogleich ausgelassen spielen wollen.
Sie versuchen sogar in kleine Bäume zu klettern.

Auf ihrer Wanderschaft
hinterlassen die Familien
ihre markanten Spuren
im Schnee. Hier von einer
Mutter mit Zwillingen.

Seit mehr als zehn Jahren reise ich nun regelmäßig zu den kleinen Eisbären im Wapusk Nationalpark. Selten aber war es mir vergönnt, eine Familie mit Drillingen in solch einer Harmonie über Stunden beobachten zu können. Sie fühlten sich durch die Anwesenheit von Menschen nicht gestört und boten viele Einblicke in ihr, für uns, possierliches Familienleben vom Spielen über's Schlafen zum Aufstehen und Weiterwandern.

Man würde vermuten, dass Bärinnen aufgrund ihrer Körpergröße keine natürlichen Feinde hätten. Weit gefehlt. Eine zunehmende Anzahl von Grauwölfen macht den Bärenfamilien im Frühling das Leben schwer. Sie warten tagelang vor einer Höhle, bis die Familie den Bau verlässt. Zwei Wölfe lenken die Mutter ab, andere aus dem Rudel greifen die kleinen Bären an, verschleppen und töten sie. Andere Feinde sind Vielfraße und natürlich als größte Bedrohung überhaupt – wir – die Menschen.

WANDERUNG
ZUM EIS

Der lange Weg vom heimischen Bau zum arktischen Meer gestaltet sich für die kleinen Bärchen als Hindernislauf. Es müssen tiefe Flussbetten, dichte Wälder und tiefe Schneewehen durchwandert werden. Die durchschnittliche Wanderungsdistanz für die Familien beträgt etwa 50 Kilometer. Wissenschafter haben per Satellitenhalsbänder herausgefunden, dass alle Bären nach Verlassen ihrer Bauten in nordöstliche Richtung zur Hudson Bay wandern und dort nach zwei bis fünf Tagen ankommen.

Nachfolgende Doppelseite:
Wenige Minuten, bevor die Sonne hinter den Bergen auf Spitzbergen untergeht, genießt ein Eisfuchs noch die Wärme der Sonne.

Im Vorfrühling bringen die wichtigsten Beutetiere der Eisbären ihre Jungen zur Welt. Die Eismeer-Ringelrobben bekommen, wie alle Robben, nur ein Baby. Ähnlich wie die Eisbären halten sie sich mit ihren Jungen in einer selbst gegrabenen Höhle in einer Schneewehe oder in einer von Schnee bedeckten Höhlung über ihren Atemlöchern auf. Darin sind sie vor dem Wetter, allerdings nicht vor einem hungrigen Eisbär geschützt. Die Bären haben einen hervorragenden Geruchssinn und spüren jedes Robbenversteck auf. Das unbeholfene Robbenbaby wiegt bei der Geburt etwa 4,5 kg und verdoppelt sein Gewicht rasch; etwa 75 % seines Nährstoffgehaltes steht den Eisbären in Form von kalorienreichem Fett zur Verfügung.

Wenn sich die Eisbärin mit ihren Jungen auf den Weg über das Eis macht, beginnt sie sofort mit der Suche nach jungen Robben, um nach langer Fastenzeit endlich wieder zu fressen. Obwohl Ringelrobben ihre Hauptbeute darstellt, macht sie auch Jagd auf Bart- und Klappmützenrobben. In dieser Zeit des Überflusses fressen die Bären nur die sehr kalorienreiche Haut und Fettschicht. Der Rest des Kadavers bleibt für Polarfüchse, Möwen und andere Aasfresser des Nordens übrig.

Die Mutter bewacht ständig ihre Jungen. Männliche Eisbären stellen das größte Risiko dar. Indem sie die Jungen anderer Männchen töten, verbessern sie ihre Chancen auf eigenen Nachwuchs. Daher halten sich die Eisbärmütter in möglichst abgelegenen Jagdrevieren auf, weit weg von anderen Bären.

Gelegentlich können Wölfe zum Problem werden. Morris und Amak haben beobachtet, wie sich ein schwarzer Wolf an eine Bärin und ihr Junges anschlich. Als er sich den beiden auf zwölf Meter genähert hatte, wurde die Mutter nervös und begann zu fauchen, zu knurren und bewegte den Kopf hin und her. Als das keine Wirkung zeigte, griff sie den Wolf an. Er rannte ein paar Meter weg, hielt an und wandte sich wieder dem Jungen zu – die Bärin wiederholte ihren Angriff. Nachdem die beiden ihre Manöver mehrfach wiederholt hatten, gab der Wolf auf.

Spielszenen einer
unbeschwerten Jugend.

Nur etwa fünf Minuten
bedurfte es für die Bärin, diese
tiefe Schneegrube zwischen
den Weiden zu graben. Sie
machte es sich dort gemütlich,
säugte die Jungen und ließ sie
danach mit sich und mit den
umgebenen Sträuchern spielen.

Nur selten bieten die Fichten an der Baumgrenze
ein so paradiesisches Bild. Über Nacht hatte sich dichter
Raureif auf die Bäume gelegt und Schneewehen
und Äste überzuckert. Es herrschte absolute Windstille.
An solchen Schneewehen liegen die Geburtshöhlen
der Eisbären. Hier finden sie an den windabgewandten
Seiten Schutz vor den bitterkalten arktischen Winden.

Ein Glücksfall für den Fotografen. – Selten rasten Bärenfamilien in der offenen Tundra. Hier kam auch noch dazu, dass der Himmel blau und die Bärin sich leicht erhöht auf einer Schneewehe niedergelassen hatte. Die Jungen genossen offensichtlich die kurze Pause und begannen gleich auf Mutters Rücken zu spielen.

In der Hudson Bay Region bleiben die Jungbären etwa zweieinhalb Jahre bei der Mutter, bevor sie von ihr verstoßen werden. In diesen zweieinhalb Jahren müssen sie alles gelernt haben, was ein Eisbär wissen muss, um überleben zu können. Danach sind sie auf sich gestellt und können in der Wildnis bis zu vierzig Jahre alt werden.

Wie so oft im März hängt die Wolkendecke über dem Nationalpark wie Blei. Die Tundra präsentiert sich grau in grau oder weiß in weiß. Unebenheiten oder Schneewehen sind nicht zu erkennen.

Zwillinge bemühen sich, den Anschluss an ihre Mutter nicht zu verlieren. Sie sind eigentlich noch zu klein, um auf die Wanderschaft zu gehen, aber wenn der Instinkt die Mutter treibt, gibt es kein Halten mehr. Interessant zu beobachten war über all die Jahre, in welch unterschiedlicher Körperverfassung sowohl die Mütter als auch die Jungen sind. Einige Jungbären sind kompakt, wohlgenährt und spielfreudig. Andere sind vom Körperbau noch zu klein, zu dünn und zu tolpatschig, als dass man sich vorstellen kann, sie würden die lange Wanderung überleben.

Eines meiner Lieblingsbilder. – In einem sog. „Bluff", einer Baumgruppe, setzte sich die Bärin nieder, um ihre Jungen mit ihrer sehr nahrhaften Milch von 30 – 40 % Fett zu säugen. Sie brauchen diese Energie, um zu wachsen, zu wandern, den Stürmen und der Kälte zu widerstehen.

Vorhergehende Doppelseite: Der riesige Kongsdalbreen auf Spitzbergen vom Flugzeug aus gesehen im April. Seine Eismassen bewegen sich mit einer durchschnittlichen Geschwindigkeit von ca. zwölf Metern pro Tag Richtung Meer und kalben riesige blanke Eisberge.

Je nach Tageszeit und Lichteinfall verändern sich die Farbenspiele in den gewaltigen Eiswänden der Gletscher. Alleine schon der Anblick dieser grandiosen, stillen, kalten Welt lässt einen unscheinbar und völlig unbedeutend erscheinen. Leider jedoch sind es wieder die Menschen, die für das rasante Abschmelzen dieser Naturwunder sorgen. Werden unsere Enkel solche Wunder noch bestaunen können?

Bilder wie aus einer anderen Welt auf
Spitzbergen. Durch die enormen Kräfte,
die durch den Schub des Eises entstehen,
brechen immer wieder riesige Eisstücke
zusammen, werden ineinander verschoben,
zerbersten immer mehr, und es entsteht
ein wüstes Durcheinander an verschieden
farbigem Eis. Da in diesem Eis kein Salz
enthalten ist, erscheint es wesentlich klarer,
fast durchsichtig wie Glas.
Die Eisstücke, die im Herbst in den Fjord
fielen, frieren dort im beginnenden
Winter ein und bilden skulpturenähnliche
Gebilde im Frühling. Sie leuchten einem
schon aus großer Entfernung entgegen.

Seit tausenden von Jahren ziehen die Moschusochsen über die endlosen Weiten der arktischen Tundra.
Sie lebten schon mit den Säbelzahntigern und dem Wolligen Mammut zusammen. Aufgrund ihrer perfekten körperlichen Anpassungsfähigkeit an die harschen klimatischen Verhältnisse haben sie bis heute überlebt. Dieses Bild entstand Mitte Mai gegen Mitternacht. Noch immer blies ein eisiger Wind über die Tundra, wirbelte Eiskristalle auf, die wiederum Nebensonnen entstehen ließen.

ABENTEUER MOSCHUSOCHSEN

Mitte April auf Victoria Island konnte ich die Eisbärfamilien nur beneiden, die sich zum Schutz vor der nächtlichen Kälte zusammenkuscheln. Innerhalb des Zeltes baute sich an meinem Rücken eine Schneewehe auf und die Temperatur sank auf -17° C. Die Wärme des Frühlings war nur noch eine ferne Erinnerung. Es war nicht gerade hilfreich, dass mein Führer und ich uns verlaufen hatten, uns war kalt und wir hatten Hunger und Durst. Irgendwo dort draußen in dem Grau des Schneesturmes lag unser Ziel: Cambridge Bay, eine Siedlung an der Südostküste von Victoria Island.

Der Tag begann bei schönem, sonnigem Wetter. Man hatte mir von einer Herde Moschusochsen erzählt, die beim Mount Pelly gesichtet worden war, ein großer Hügel nicht weit von Cambridge Bay entfernt. Einer der jungen Einwohner der Stadt bot mir an, mich zu begleiten. Da es sich um eine Fahrt von wenigen Stunden hin und zurück mit dem Schneemobil handelte, brachen wir mit kleinem Gepäck auf: Ein Schlitten für die Ausrüstung, ein kleines Zelt, Schlafsack, ein Sandwich vom Mittagessen, eine Dose Cola und eine Tafel Schokolade. Bei der Abfahrt gab uns ein Freund meines Führers ein GPS-Gerät mit. Wie man das Gerät bedient, wussten wir zwar beide nicht, aber es war ein schöner Tag, und wir kümmerten uns nicht darum.

Wir machten uns auf den Weg nach Norden zum Mount Pelly. Nach etwa zwei Stunden hatten wir die Moschusochsen immer noch nicht gefunden – und wir sollten sie nie zu Gesicht bekommen. Eine graue Wolkenwand zog auf und plötzlich waren wir mitten in einem der gefürchteten Blizzards, einem arktischen Schneesturm. Das arktische Wetter kann sehr launisch sein – in einem Moment sonnig und ruhig und im nächsten verwandelt sich die Luft in ein weißes Schneegestöber mit heftigen Winden. Wir drehten um und fuhren zurück in die Richtung, aus der wir gekommen waren; dachten wir jedenfalls. Nach einigen Meilen gab mein Führer zu, er hätte völlig die Orientierung verloren. Es war Zeit, das GPS-Gerät zu benutzen. Nach der Anzeige befanden wir uns rund 18 km vor der Siedlung. Also fuhren wir weiter in den Sturm hinein.

Inzwischen ging die Sonne unter, es war 23.00 Uhr. Um meinen Mund und die Nase hatten sich dicke Eiskrusten gebildet, und die Zündkerzen meines Schneemobils verrußten und drohten bald ihre Funktion einzustellen. Natürlich hatten wir keinen Ersatz dabei. Wir überprüften nochmals unsere Position und lasen am Gerät ab, dass wir nur noch drei Kilometer vom Ort entfernt waren und freuten uns schon auf den heißen Tee in wenigen Minuten. Irgendwas konnte nicht stimmen. Wir fuhren und fuhren, drei Kilometer können nicht so lang sein. Wir checkten wieder und stellten dreiundzwanzig Kilometer! fest. Ich wurde wütend und ein Gefühl der Angst und Hilflosigkeit stieg schleichend in mir hoch. Normalerweise folgt man einfach dem Pfeil auf dem Display des GPS und wird ans Ziel geleitet. Wir wussten allerdings nicht, dass man dazu in Bewegung sein musste, fahrend oder gehend. Wir hielten mehrfach an, lasen das Display ab und fuhren kreuz und quer durch die Tundra und verschwendeten kostbare Zeit und Treibstoff.

Um Mitternacht hatten wir beide kaum noch Benzin und entschieden uns, das Zelt aufzubauen. Wir verankerten es an den Schneemobilen und dem Schlitten, damit unsere wackelige Behausung nicht fortgeweht wurde. Wir wollten uns die Cola teilen, doch die Dose war steinhart gefroren. Das Sandwich hatten wir schon früher gegessen. Somit hatten wir noch die zwei Riegel einer Schokoladenpackung. Nichts zu essen und zu trinken. Ich konnte nicht glauben, wie unvorsichtig wir gewesen waren. Wie konnten wir nur ohne die wichtigsten Überlebensmittel in dieses wilde Land fahren? Ich trug die Verantwortung. Wie viele aus seiner Generation hielt sich mein junger Begleiter für unbesiegbar und nahm alles viel gelassener, aber ich war alt genug, es besser zu wissen.

Wir schliefen zu zweit in einem Schlafsack eng aneinandergekauert

und der Wind heulte unmunterbrochen. Jeder Muskel meines Körpers begann zu zittern. War das ein Zeichen eines nahen Erfrierungstodes? War dies das Ende? Für kurze Momente glaubte ich daran. Wenn wir morgen nicht zurückfinden, ist es aus.

Nach einer kalten, ruhelosen Nacht krochen wir aus dem Zelt und hofften, der Wind hätte sich gelegt. Das war zwar nicht der Fall, doch immerhin war die Sicht besser; wir brachen wieder auf. Nach einigen Kilometern hielt mein Begleiter seine Maschine ohne Vorwarnung an und drehte sich mit breitem Grinsen zu mir um. „Hier ist ein alter Weg", rief er. „Er führt uns zurück zur Stadt". Ich wollte ihm glauben, und als mein Schneemobil seinen Geist aufgab und er mich auf seinem Schlitten ziehen musste, wollte ich ihm unbedingt glauben. Zum Glück hatte er Recht. Zur großen Erleichterung aller kamen wir im Ort an; auch die zusammengestellte Suchmannschaft war erleichtert. Seit dieser einschneidenden Erfahrung mache ich mich nie mehr ohne einen erfahrenen Inuit-Führer, ein GPS-Gerät – ich weiß jetzt, wie es funktioniert – ein Satellitentelefon und eine Überlebens-Ausrüstung auf den Weg.

Es ist unmöglich, nach einer solchen Erfahrung nicht voller Bewunderung für die Tiere zu sein, die dank ihrer einzigartigen Anpassung und Überlebensfähigkeit in der Arktis leben. Der Moschusochse, den ich an einem späteren Termin doch noch fotografierte, ist dafür ein perfektes Beispiel. Dieser entfernte Verwandte von Schaf und Ziege besitzt mehrere außergewöhnliche Eigenschaften, die sein Überleben im hohen Norden sichern. Sein wolliges Unterfell (*Qiviut*) unter dem zotteligen Fell ist achtmal wärmer als Schafwolle. Mit den abgerundeten Hufen sinkt er nicht in weichen Schnee ein und kann mit ihnen Gräser, Seggen und Weiden unter dem Schnee frei scharren. Seine Augäpfel kann er bei großer Kälte mehrere Zentimeter tief in den Schädel hineinziehen. Selbst die im Frühling geborenen Kälber kommen schon mit einem dichten Fell zur Welt.

Bei Gefahr zeigen sich die Moschusochsen solidarisch und stellen sich vereint, die mit scharfen Hörnern bewehrten Schädel zum Feind gerichtet, nach vorne.

Eine lautes Knallen schallt im Juli und August über die lautlose, windstille Tundra. Es ist die Brunftzeit der Moschusochsen. Die rivalisierenden Bullen nehmen sich ins Visier, gehen langsam etwa dreißig Meter zurück, ohne den Nebenbuhler aus dem Auge zu lassen, rennen plötzlich aufeinander los und prallen mit voller Wucht die Schädel gegeneinander.

Sommer

Frauenschuh Orchideen und „Purple Paintbrush".

Schneegänsezug über tauendem Flusssystem.

Mitte Juni spendet die Sonne Licht und Wärme im Überfluss. Vierund-
zwanzig Stunden am Tag zieht sie ihren Kreis über den arktischen Himmel.
Die Natur saugt die Wärme, das Licht und die daraus resultierende Energie auf.
Frühlingsblumen sprießen allerorten, blühen in voller Pracht für wenige
Tage, werden von den nächsten Blumen abgelöst und reichen die Zeit weiter
an die typischen Sommerblüher. Der sonst so leblos erscheinende Tundraboden
erblüht wie ein Farbenteppich in weiß, rot, lila und gelb. Die Tiere wechseln
ihr Winterkleid zum Sommerkleid, nach kurzer und heftiger Brautwerbung
beginnen die Vögel mit dem Brutgeschäft und der Aufzucht ihrer Jungen.
Das Eis auf Seen, Flüssen und dem Meer bricht schließlich auf und schmilzt
kurze Zeit später. In den Seen gedeihen Insektenlarven prächtig. Die aus ihnen
schlüpfenden Mücken und Fliegen werden im Juli die Tundra wie braune
Wolken überfliegen und jeden, der sich dort aufhält, peinigen. Anderen, wie
den Jungvögeln, dienen sie als Nahrung. Beluga- und Grönlandwale erscheinen
im offenen Wasser und blasen Wasserfontänen weithin sichtbar in die Luft.
Die Karibuherden sind an ihren traditionellen Wurfplätzen angekommen
und bringen innerhalb weniger Tage tausende von kleinen Kälbern zur Welt.
Die nächste Generation. Für Eisbären ist der Tisch reichlich gedeckt.

DAS EIS BRICHT AUF

Die beiden wichtigsten Jagdplätze für Eisbären auf dem Packeis sind offene Stellen, die als Waken (Rinnen) und Polynjas bekannt sind. Waken sind eisfreie Zonen vor der Küste – hier wimmelt es von Leben. Der gesamte Küstenbereich der Hudson Bay stellt eine riesige Wake dar, die von starken Winden, Strömungen und dem Gezeitenhub offen gehalten wird. Ein ähnliches und noch größeres System umgibt das gesamte Polarbecken der Arktis. Der russische Forscher und Biologe Savva Uspenskii nannte diese Zone wegen ihrer Bedeutung für die Ökologie der Polargebiete den „Arktischen Streifen des Lebens". Polynjas sind unregelmäßig geformte, arktische Teiche, deren Größe von einigen hundert Quadratmetern bis zu Hunderten von Quadratkilometern reicht.

Dieselben Gezeitenkräfte, die das Meer offen halten, drücken auch nährstoffreiches Wasser nach oben, das als Nahrungsgrundlage für Plankton dient. Dieses wiederum bildet die Grundlage der pelagischen (im offenen Meer) Nahrungskette. Aus diesem Grund sind solche Regionen entscheidend für das Überleben vieler arktischer Arten. Vögel sind zu Beginn der Brutzeit, wenn keine anderen Nahrungsquellen zur Verfügung stehen, auf küstennahe Polynjas angewiesen. In der Nähe sieht man immer auch Meeressäugetiere wie Robben und Walrosse, die sowohl auf Wasser wie auf Luft angewiesen sind. Es ist nicht verwunderlich, dass man in diesen verlässlich jedes Jahr auftretenden Zentren tierischer Aktivität regelmäßig auf hungrige Eisbären trifft.

Wenn das arktische Eis zu Beginn des Sommers zu schmelzen beginnt, folgen einige Eisbären der offenen Wasserfläche nach Norden, um zu jagen. Sie pirschen sich an die Robben an, die auf dem Eis in der Nähe ihrer Atemlöcher liegen, und schlagen zu, wenn sie in Reichweite sind. Häufiger allerdings lauern sie geduldig neben einem Atemloch, bis die Robbe auftaucht; mit einem einzigen Prankenhieb reißen sie die Robbe aus dem Wasser. Eine weitere Jagdtechnik nennt der Eisbär-Experte Dr. Ian Stirling „Unterwasserpirsch". Eisbären sind hervorragende Schwimmer, die sich im offenen Wasser an Robben und sogar an Enten und Seevögel anpirschen.

Wo das Eis im Sommer vollständig schmilzt, müssen die Bären an Land kommen. Im Juni und Juli löst sich das Eis in der Hudson Bay langsam auf. Eisbären, die sich auf großen Schollen aufhalten, treiben nach Süden Richtung James Bay. Die Bären bleiben so lange wie möglich auf ihren gewaltigen Flößen, bis sie die Eisschmelze dazu zwingt, ans Ufer zu schwimmen. Während der langen Zeit bis zum nächsten Winter werden sie hauptsächlich von ihren Fettvorräten zehren. Mitte bis Ende Juni, wenn die Bären das Eis verlassen, haben die Bärinnen ihr Gewicht häufig verdrei- oder sogar vervierfacht. Diese enorme Gewichtszunahme ist notwendig, sonst könnten die trächtigen Weibchen die nun vor ihnen liegende, lange Zeit in der mütterlichen Höhle nicht überleben.

Sobald sie an Land sind, verschlafen die Bären den Tag oder dösen. Um während dieser Phase des „Winterschlafs in Bewegung" Energie zu sparen, liegen sie oft in flachen Gruben auf der kühleren Erde, um den Myriaden hungriger Insekten zu entgehen, die den Nordsommer bevölkern. In diesen Ruhezeiten jagen die Bären der Hudson Bay und James Bay unterschiedlichste Beutetiere, von Mäusen, Taschenratten, Lemmingen, Vogeleiern und Küken bis hin zu Kadavern von Robben und Belugawalen, die an die Küste geschwemmt werden. Im August und September sind die Sommerbeeren reif und werden zur wichtigsten Nahrung für die Bären, die auf die Rückkehr des Eises warten.

Im Wasser schwimmend können Eisbären
Distanzen von über einhundert Kilometer
zurücklegen. Sie rudern mit den Vorderpfoten
und steuern mit den Hinterpfoten. Selbst
im Sommer halten sie sich am liebsten in der
Nähe von Eisplatten auf, die sie sonst als
Jagdplattform auf Seehunde als auch zum
Ausruhen gerne nutzen. Sonnig und windstill –
Tage wie diese sind selten in der Arktis.

Ein leuchtender Wasserkranz bildet sich
um den Kopf des gerade aufgetauchten
und sich schüttelnden Eisbären.

Eine Bärin mit ihren zwei Jungen
taucht plötzlich neben unserem Boot
auf. Die Überraschung ist auf
beiden Seiten – der Bären und uns.

Der größte Teil des Wapusk Nationalparks ist nicht
zugänglich. 90 % der Parkfläche besteht aus Sumpfseen,
Mooren und undurchdringlichen Wäldern.
Im Sommer sorgen Milliarden von Mücken, Sand- und
Horseflies für äußerst unkomfortables Wandern.

Wie eine Schlange windet sich der Broad River im Wapusk Nationalpark durch die Tundra und ergießt sich in einem dunklen
Delta in die Hudson Bay. Deutlich zu erkennen sind die früheren
Uferlinien der Bay. Aufgrund des enormen Eisdrucks der
vergangenen Eiszeit hebt sich noch immer das Land um mehrere
Millimeter jährlich. Diese Sand- und Kiesbänder, in denen Eisfüchse gerne ihre Bauten anlegen.werden auch „Esker" genannt.
Die dunkle Farbe des Wassers stammt von Torfsedimenten
der Tundra, die mit dem Fluss ins Meer transportiert werden.

Seit wenigen Tagen sind die Küstenseeschwalben (Arctic Terns) aus ihren Überwinterungsgebieten in der Antarktis zurückgekehrt. Hier in der Arktis treffen sie zwischen Anfang und Mitte Juni ein und beginnen sogleich mit der Brautwerbung. Das Weibchen sitzt laut piepend auf der Spitze einer Eisscholle und das Männchen bringt ihr einen möglichst großen Fisch als Brautgeschenk. Ist dieses Geschenk akzeptiert, erfolgt bald die Paarung und der Nestbau.

Infolge der globalen Erderwärmung, die sich speziell in den arktischen Gebieten stark bemerkbar macht, sind diese Bilder in Churchill nicht mehr fotografierbar. Wenn die Vögel im Frühjahr eintreffen, ist das Eis meist schon lange geschmolzen oder auf das Meer getrieben. Die arktische Welt wird in den nächsten Jahrzehnten größeren Wandlungen unterzogen als in den letzten Jahrhunderten zuvor und wir alle werden davon betroffen sein.

Im Juli wechseln die Schneegänse ihr Federkleid und sind für etwa drei Wochen flugunfähig. Sie wandern mit ihren halbwüchsigen Küken kilometerweit durch die Tundra oder sammeln sich in großen Gruppen auf den Seen. Die weißen Tiere sind die Eltern und die kleineren, grauen Tiere sind die Küken. Dieses Bild wurde bei Gegenlicht aus der Luft fotografiert.

Eine Basstölpelkolonie in Neufundland im ersten
Morgenlicht. Elftausend Paare dieser Flug-
künstler brüten hier. Sie erreichen ihre Brutplätze
im März und bleiben hier bis Ende Oktober.
Basstölpel sind exzellente Fischer, schrauben sich
mehr als dreißig Meter in die Luft und stürzen
sich dann mit angeklappten Flügeln wie ein Pfeil
ins Meer. Selten verpassen sie ihr Ziel.

Unmittelbar vor den steilen Brutklippen der
Basstölpel ziehen im Juni die Buckelwale
auf ihrem Weg nach Norden. Tagelang harrte
ich auf dem Felsen aus, um diesen Moment zu
sehen. Nie zuvor war es mir gelungen, eine
Basstölpelkolonie und Wale zusammen auf ein
Bild zu bekommen. Die Fischgründe sind
noch sehr reichhaltig, um genügend Beute für
die Brut der Vögel zu bekommen.

Hunderte von Belugawalen treffen sich jedes Jahr auf Somerset
Island in Nordkanada in den seichten Flussdelten der Flüsse,
um ihre alte Haut abzurubbeln und um ihre Jungen zu gebären.
Vom Flugzeug aus bietet sich ein atemberaubendes Spektakel, das
durch fast nichts überboten werden kann. Teilweise liegen die
Körper so dicht beeinander, dass man das Gefühl hat, über einen
Zebrastreifen aus Belugakörpern laufen zu können.

Weltweit gibt es nach Schätzungen etwa 60.000 Belugawale.
Sie werden aufgrund ihrer „Geschwätzigkeit" unter Wasser
auch die „Kanarienvögel" der Meere genannt. Belugawale sind
neben Seehunden die Hauptnahrungsquelle der Inuit.

Vor etwa fünfhundert Jahren „kochten" die Meere der Arktis vom Blasen und der Bewegung der massigen Grönlandwale. Als der kommerzielle Walfang begann, wurde erbarmungslos Jagd auf diese sehr friedfertigen Tiere wegen ihrer großen Mengen an Tran und Barten betrieben. Eine ganze Industrie lebte davon. Heute gibt es nur noch sehr wenige Exemplare von ihnen, geschätzt etwa fünftausend, weltweit. Erst kürzlich stellte man fest, dass Grönandwale wahrscheinlich die Säugetiere sind, die das höchste Alter erreichen können. In einem erlegten Wal fand man eine Speerspitze, die vor zweihundert Jahren von Inuit zuletzt benutzt wurde.

Mitte August sind die jungen Eisfüchse kaum mehr von den Erwachsenen zu unterscheiden, außer dass sie noch immer sehr verspielt sind.
Stundenlang üben sie die wichtigen Überlebenstaktiken:
anpirschen, springen, festhalten, zubeißen, wegrennen. Und immer
wieder der Test: wer ist der Dominanteste, wer ist der Schwächste?
Die Schwächsten werden den ersten Herbst kaum überleben.

ZU HAUSE BEI DEN EISFÜCHSEN

Wie der Eisbär gehört auch der Polarfuchs untrennbar zur Arktis und bietet ein wunderbares Beispiel für die Anpassung an das arktische Leben. Natürlich war ich sehr daran interessiert, ihn in seinem natürlichen Lebensraum zu beobachten.

Polarfüchse sind wie alle Füchse opportunistische Tiere, ständig auf der Suche nach Überresten, die jagende Eisbären hinterlassen haben. Man hat schon Polarfüchse zweihundert Kilometer von der Küste entfernt beobachtet. Im Mai verlassen sie das Eis und die weiblichen Tiere (Fähen), suchen nach einem Unterschlupf, in dem sie ihre Jungen zur Welt bringen können. Meist sind es bis zu fünfhundert Jahre alte Bauten, die immer wieder benutzt werden. Die Ein- und Ausgänge werden gesäubert, ausgebessert und hin und wieder wird ein neuer Eingang gegraben.

Im Juni 2003 flogen Elli und ich nach Holman auf der Victoria Insel, um Füchse zu fotografieren. Dort angekommen, schüttelte mein Führer Morris nur den Kopf und meinte, „Du hast dir kein gutes Jahr ausgesucht, es gibt kaum Lemminge und Gänse in der Gegend."

Die Vermehrungszyklen der kleinen Nagetiere und Vögel bestimmen maßgeblich die Größe der Fuchswürfe, denn die Fruchtbarkeit der Fähen ist streng an das Nahrungsangebot in Frühling und Sommer gekoppelt: In manchen Jahren ziehen sie fünf, in anderen bis zu 25 Junge groß. Die Eltern müssen ihre hungrigen Jungen bis zu fünfmal täglich mit frischem Fleisch versorgen. Forscher haben ermittelt, dass eine einzige Fuchsfamilie während der Jungenaufzucht rund 4000 Lemminge erbeutet und verfüttert. Trotz seiner Skepsis wollte mich Morris begleiten. Der Schnee schmolz schneller, als wir Wege für die Schneemobile finden konnten, also wechselten wir zu Quads oder ATV's und standen vor einem neuen Problem. Nun mussten wir so lange wie möglich auf den so genannten „Eskimo Highways", unbefestigten Schotterwegen oder Fahrspuren, bleiben, die sich durch die Tundra ziehen. In den nächsten Tagen verwandelte das Schmelzwasser die Hügellandschaft in einen Morast aus dickem, weichem Tonschlamm, in dem sich die Räder der Quads festfuhren und wir die Gefährte mit Seilen wieder herausziehen mussten.

In den letzten Junitagen fanden Morris und ich über 20 Fuchsbauten, doch keiner war besetzt. Ich wurde zunehmend besorgter. Jetzt, Ende Juni, kamen die Jungfüchse aus dem Bau und das wollte ich auf keinen Fall verpassen. Schließlich fand Morris nach vielen Tagen holperiger Fahrten durch die Tundra das, wonach wir gesucht hatten. Mitten in einer offenen Ebene erhob sich ein kleiner, mit Silberwurz bewachsener Hügel, vor dem sieben Jungfüchse spielten. Es war der 2. Juli.

In den nächsten sechs Wochen lebten Elli und ich in einem Inuk Zelt in Sichtweite des Baues. Alle drei Tage kam Morris vorbei und versorgte uns mit Frischfisch, der übrigens köstlich auf dem Coleman Stove gebraten schmeckte.

Polarfuchsbabys tragen ein dunkelbraunes oder graues, samtiges Fell. Bei der Geburt sind sie nackt, blind und hilflos, doch sie entwickeln sich schnell und sind mit sechs Monaten unabhängig. Dieser Wurf war bereits älter als sechs Wochen. Sie fraßen feste Nahrung, gingen draußen auf Erkundungstouren und spielten ausgiebig, wobei sie sich anbellten und knurrten. Bis Ende August verbrachten wir vor dem Bau und gehörten zur Familie. Wir sahen und dokumentierten, wie die Jungen wuchsen und konnten sie am Ende nicht mehr von den Erwachsenen unterscheiden. Anfang Oktober kehrte ich nochmals zurück. Erst vor wenigen Tagen hatte Morris die Jungfüchse nochmals am Bau gesehen. Nur noch frische Spuren verrieten mir, das sie noch in der Nähe waren. Eine Schneewehe hatte den Bau schon zugedeckt.

Im nächsten Sommer hatte sich die Nahrungsknappheit in Fülle verwandelt. Wir fanden einen Bau mit dreizehn Jungen. Konstant waren beide Elternteile damit beschäftigt, die hungrigen Mäuler zu stopfen und brachten Gänse, Enten, Küken, Lemminge und einmal sogar Schenkel und Bein eine Kranichs. Im Alter von acht Wochen sind die Kleinen alt genug, um ihren Eltern auf Jagdausflüge zu folgen. Anfang September setzt wieder der große Vogelzug ein und leichte Beute ist kaum mehr zu finden. Ab jetzt sind die jungen Füchse auf sich gestellt und müssen ihre Überlebensfähigkeit unter Beweis stellen.

Wenn die Eltern von einem Beutezug zurückkamen, wurden sie stürmisch von den Jungen mit dem typischen Zeremoniell begrüßt, dem Naseln, Lecken und Schwanzeln.

Rotfuchs im zottigen Fellwechsel im Juni. Dieser Rüde hatte eine imposante Körpergröße und erinnerte mich leicht an einen Wolf.

Dreizehn junge Eisfüchse nannten diesen wunderschön mit
Weidenröschen (Fireweed) bewachsenen Bau ihr Zuhause.
Siebzehn Eingänge zählte der Bau und er war perfekt
getarnt zwischen Weiden und Blumen. In diesem Jahr war
der Beutetisch reichlich gedeckt. Junge Gänse, Enten und
Lemminge gab es zuhauf. Mindestens fünf Mal pro Tag sahen
wir die Eltern mit erlegten Gänseküken zum Bau kommen
und zwischendurch immer wieder mit Mäulern voller Lemminge.
Es dauerte nur wenige Minuten, bis die hungrigen Jungen
die willkommenen Mahlzeiten verschlugen hatten.
Nach einigen Tagen schon fühlten wir uns als zur Familie zuge-
hörig, weder die Jungen noch die Erwachsenen zeigten Scheu.
Somit war es möglich, tiefe Einblicke in das Sozialleben
dieser Großfamilie zu erhalten. Viele Tage verbrachten Elli und
ich vor diesem Bau, vierundzwanzig Stunden am Tag, bis uns
die Fliegen, Mücken und die Hitze vertrieben.

Schneeeule am Nest mit Küken

Schneeeulenküken im Nest

Blüten der Lappland Alpenrose

Blüten des rundblättrigen Wintergrün

Busch der Lappland Alpenrose

Nach den ersten Nachtfrösten verfärbt sich die Tundra und bietet vom Flugzeug aus ein buntes Mosaik aus dunkelblauen Wasserflächen, gelben Lärchen und roten Beerensträuchern. Dies sind die bevorzugten Lebensräume und Rastplätze für zahlreiche Tiere wie Elche, Wölfe, Schwarzbären, Füchse, Biber, Gänse und andere Vögel. Ein lebendes Biotop über hunderte von Kilometern.

Golden verfärbt sich die Tundra im September. Weit draußen treffen wir auf drei männliche Eisbären im Licht der späten Abendsonne. Die Wartezeit für die Bären geht in einigen Wochen zu Ende. Den Sommer über verbrachten sie hungernd und von Fettreserven zehrend, dösend oder herumwandernd an der Küste des arktischen Meeres.

Eine Walrosskuh mit ihrem neugeborenen Kalb auf einer
winzigen Eisscholle in der Mitte des arktischen Ozeans.

DIE SUCHE NACH DEN WALROSSEN

Bei meinen ersten Versuchen, zu den Walrossen zu gelangen, reiste ich Mitte der 1990er Jahre mit dem Hundeschlitten an den Eisrand vor Southampton Island in der nördlichen Hudson Bay. Insgesamt drei Mal reiste ich nach Carol Harbour und versuchte es dort. Ich hatte zwar Glück, aber nicht mit den Walrossen. Die überwiegende Zeit verbrachten wir wartend bei dem starken Wind im Zelt und es war unmöglich, die Kanus zu Wasser zu lassen, aber ohne Boot hatten wir keine Chance, die Walrosse, die sich auf den Eisschollen und Inseln vor der Küste aufhielten, zu erreichen. „Es ist nur eine Frage der Zeit", sagte mein Führer Luke Eetuk, doch genau die lief mir davon. Später gab mir Luke den Spitznamen Anvqisiut (der Inuit-Name bedeutet „Windmann"), denn während meiner drei Versuche in jenem Jahr frischte der Wind jedes Mal auf, wenn ich kam, und schlief ein, wenn ich wieder abfuhr.

Während des letzten Aufenthaltes dort schipperte ich mit einer kleinen Crew von Inuit auf einem Peterhead boat, einer Art Krabbenkutter, zur Insel Coats Island. Die See war glatt und wir kamen gut voran. Wir erreichten die Insel, sahen etliche Walrosse am Strand dösen, aber wir sahen auch die tiefgraue, bedrohliche Wolkenwand im Westen aufziehen. Nur wenige Stunden nach unserer Ankunft entschieden wir uns für die Rückehr zurück zum Ort. Doch wir hatten die Rechnung ohne den Sturm gemacht. Er packte das Boot plötzlich mit eiserner Faust und warf es hin und her. Er türmte die Wellen drei bis vier Meter hoch und das Boot begann zu ächzen und zu stöhnen. Wir alle wurden grün im Gesicht und übergaben uns unkontrollierbar. Ich wollte nur noch sterben. Im Zickzack-Kurs fuhren wir ungefähr Richtung sicherem Hafen. Das Ruder hatte erhebliches Spiel und die Radaranlage fiel wegen der Nässe aus. Wir fuhren praktisch blind, hätten wir nicht das Funkfeuer des Ortes weit hinten am Horizont ausmachen können. Morgens um fünf, nach neun Stunden im Sturm, kamen wir im sicheren Hafen an. So bald würde ich es hier nicht mehr versuchen.

Mehrere Jahre später versuchte ich mein Glück erneut, diesmal mit Brad, einem Ausstatter in Igloolik, einer kleinen Gemeinde auf einer Insel zwischen der Melville Halbinsel in Nunavut und der Nordwestküste der Baffin Insel. Ähnlich wie Luke erzählte mir auch Brad, dass ich Geduld brauche, um Walrosse zu fotografieren. „Wir können nicht aufs Wasser, wenn der Wind stärker wird als 20 km/h, wenn es schneit oder Nebel herrscht", erklärte er. „Die Gischt gefriert auf dem Boot, setzt sich ab und macht es so schwer, dass es sinkt. Daher können wir nur bei idealen Wetterbedingungen starten." Und die sind selten dort oben.

Ich wartete so geduldig, wie ich konnte und nutzte die freie Zeit, um Taucher, Eiderenten, Küstenseeschwalben und andere Zugvögel zu fotografieren. Sie treffen früh im Juni ein, legen die Eier und ziehen ihre Jungen auf. An einem Spätnachmittag gab Brad endlich das Startzeichen. Ich trug meine Ausrüstung ans Ufer, um Pakak zu treffen, einen von Brads Guides. Nachdem wir mehrere große Eisschollen umschifft hatten, tuckerte das 7,50 m lange Boot durch das Foxe Basin. Nur einmal wurde die glatte Fahrt unterbrochen, als wir auf die Wellen einer Querströmung stießen, die von der Fury- und Hecla-Strait im Norden ausgeht.

Um Mitternacht berührte die Sonne beinahe den Horizont. Das Licht wurde weicher und die Temperatur sank unter den Gefrierpunkt, sodass sich auf der Wasseroberfläche eine dünne Eisschicht bildete. Es hörte sich an, als stieße das Boot durch Tausende winziger Gläser. Nachdem ich stundenlang durch mein Fernglas gestarrt hatte, wurde ich plötzlich durch einen weit entfernten, braunen Fleck auf einem Stück Eis belohnt. Zwanzig Minuten später waren wir nahe genug an die kleine Eisscholle herangekommen und ich sah eine der berührendsten Szenen, die ich jemals aufgenommen habe – eine Walrosskuh mit ihrem neugeborenen Kalb, sehr intim.

Walrosse reagieren empfindlich auf den Klang von Motoren, also stellten wir den Motor ab und paddelten langsam neben dem treibenden Eis her. Die Mutter kümmerte sich um ihr Baby, und Pakak und ich wussten genau, wir bekämen nie wieder eine solche Gelegenheit.

Bis zu zweitausendzweihundert Kilogramm werden die Bullen des Odobenus rosmarus, wie das Walross in der wissenschaftlichen Sprache genannt wird, schwer. Mit seinen massigen Stoßzähnen ist es ausgesprochen wehrhaft und kann sich selbst erwachsene Eisbären vom Leib halten.

Im August kehrte ich nach Igloolik zurück. Trotz stundenlanger Suche konnten wir kein Stück Eis entdecken, geschweige denn, ein Walross. In der Dämmerung bauten wir das Zelt auf einer Insel auf und stießen dabei glücklicherweise auf eine Walrossherde auf einer winzigen Nachbarinsel. Trotz eines wechselnden Nebels, der die Sicht gelegentlich verdeckte, machte ich einige Aufnahmen mit langer Brennweite. Allerdings wusste ich zu diesem Zeitpunkt nicht, dass ich nicht der einzige interessierte Beobachter war.

Plötzlich tauchte ein ausgewachsener, männlicher Eisbär zwischen einigen Felsen neben mir aus dem Wasser auf. Der Abstand zwischen uns war viel zu gering. Nachdem er sich ähnlich wie ein Hund das Wasser abgeschüttelt hatte, kam er auf mich zu. Ich schrie. Der Eisbär ignorierte es und kam mir immer näher. Hatte er mich nicht gesehen oder gehört? Ich war doch nicht etwa seine Beute? Im Abstand von 50 Metern begann er zu rennen und ich dachte kurz daran, dasselbe zu tun, obwohl alle Experten davon abraten. Kurz bevor ich endgültig in Panik geriet, lief er an mir vorbei und glitt wieder ins Wasser, ohne mich auch nur eines Blickes zu würdigen. Offensichtlich war ihm ein Mensch im Vergleich zu den lockenden „Fleischbergen" der Walrosse auf der Nachbarinsel viel zu mager.

Als mein Besucher den Kanal zur Nachbarinsel durchschwamm, wollte ich einige Aufnahmen machen, doch meine Hände zitterten so stark, dass ich den Film erst im dritten Anlauf gewechselt bekam. Die ersten beiden Filmrollen fielen auf den Boden.

Den Walrossen war die heimliche Annäherung des Eisbären bisher entgangen. Die Wellenberge waren zu hoch, der Nebel zu dick und der Wind begünstigte ihn. Der Bär erreichte die Insel und schlich sich von hinten an die Herde an. Ein Walross entdeckte ihn, gab Alarm und dreihundert massige Körper robbten Richtung Meer. Trotz der Panik erreichten alle bis auf eines das sichere Wasser.

Ein junges Walross war von seiner Mutter getrennt worden. Es verschwendete kostbare Sekunden, weil es nicht wusste, was es tun sollte. Bevor es fliehen konnte, packte der Eisbär das Kalb am Kopf, warf es in die Luft und spielte mit ihm Katz und Maus. Dann tötete er es und zog es ins Meer.

Ein milder Frühsommerabend an der Küste der Hudson Bay. Zu hören sind nur das Schaben der Eisschollen an den Felsen, das Gluckern der Luftblasen, die in den Eisschollen den Winter über eingeschlossen waren und nun an die Wasseroberfläche steigen und manchmal der dumpfe Knall draußen auf dem Meer von einem auseinanderbrechenden Eisberg. D e Luft riecht nach fast reinem Sauerstoff. Hier kann man „die Seele baumeln lassen".

Ein gewaltiger Eisberg strandete unweit des Ortes Pond Inlet an der nördlichen Baffin Insel. Hier wird er den Winter über steckenbleiben und wahrscheinlich mit der Eisdrift im nächsten Sommer seine Wanderung mit den Meeresströmungen Richtung Osten fortsetzen oder vorher zerbrechen.

Es gibt nur wenige Momente im Leben eines Naturfotografen, in denen man glaubt, das einem das Herz stehenbleibt. Dichter Nebel lag über den rastenden Walrossen, die sich zu hunderten auf den Felsen niedergelassen hatten. Es war schwer auszumachen, ob dies nun natürlicher Seenebel war oder der kondensierende Atem der Walrosse.

Plötzlich taucht aus dem Wasser ein Eisbär auf ohne große Hektik, aber doch angespannt, blickt sich um und marschiert auf die noch dösenden Tiere zu. Dann bricht die Panik aus! Die Leiber stürzen sich prustend und pfeifend ins Meer. Der Bär steht über ihnen und sucht nach einem schwachen Tier oder einem Jungtier, das er bald findet.

Er zieht es aus der Menge an einen sicheren Platz und spielt mit ihm wie eine Katze mit der Maus. Die Szene beruhigt sich nach fünfzehn Minuten wieder. Der Bär schwimmt fort und die Walrosse kehren an ihren Schlafplatz zurück.

Viele Tonnen Gewicht von
Walrossen liegen auf der großen
Eisscholle und drücken sie
tief ins Wasser. Walrosse sind
sehr gesellige Tiere, streiten
sich aber ständig untereinander.

Die Tiere lagen friedlich auf einem
Felsen, als ein großer Schwarm von
Schneegänsen über sie hinwegzog
und die schwarzen Schatten
auf die Walrosse fielen. Der ständige Lichtwechsel zwischen
hell und dunkel versetzte die Tiere
in Panik, und durch die erzeugte
Flutwelle kenterte fast mein Boot.

Vorherige Doppelseite:

Auf den weiten, tauenden Packeisfeldern der nördlichen Hudson Bay entdeckten wir
eine Eisbärin mit zwei Jungen. Sie schwammen ständig zwischen den Eisschollen
durch, stiegen auf sie hinauf und rasteten. Von einem schwankenden Boot fotografierte
ich die Bärenfamilie mit den Walrossen im Hintergrund.

Kurze Zeit später stieg sie wieder ins Wasser und schwamm direkt auf die Walrossherde
zu. Wollte sie angreifen? Nein, das wäre zu gefährlich für die Kleinen. Die Walrosse
waren sich dessen wohl bewusst und schenkten ihnen kaum Beachtung. Solche Bilder
und Zusammentreffen kann man nicht planen. Man muss einfach vor Ort sein.

Es war nur ein einziger sonniger und windstiller Tag nach drei Wochen Wartezeit.

Kurz nach Mitternacht zieht Nebel auf über dem eisigen arktischen Wasser. Die Wassertröpfchen sind aber so klein, dass das Licht der tiefstehenden Sonne keine Spektralfarben erzeugen kann. Es bildet sich ein weißer Nebelbogen. Drei Walrosse ruhen sich auf einer Eisscholle von einem Jagdausflug aus. Etwa zehntausend Atlantische Walrosse soll es in der nördlichen Hudson Bay und im angrenzenden Foxe Basin geben.

Herbst

Portrait eines „skeptischen"
Schneehasen

Die vom Raureif überzuck-
erten, roten Blätter der Alpinen
Bärentraube im Herbst.

Anfang August. Die Tundra lebt! Tausende junger Wasservögel, Gänse, Enten, Kraniche und Watvögel bevölkern jetzt das Land. Die Beeren reifen und ernähren die Gänse, die sich für ihren Flug nach Süden mit Fettreserven versorgen müssen. Die letzten Sommerblumen verblühen und zum ersten Mal erscheinen wieder Sterne am Nachthimmel. Schnell werden die Tage kürzer. Wieder verändert sich das Land fast täglich. Nach den ersten Frösten im September verfärben sich die Blätter der Bäume und Sträucher. Ein kurzfristiger Farbenrausch setzt ein. Die Jungen der Rot- und Eisfüchse sind von ihren Eltern kaum mehr zu unterscheiden. Moschusochsen befinden sich in der Brunftzeit, ebenso wie die Karibus. Das Knallen der Schädel und das Rasseln der Geweihe sind weithin hörbar.

Bald setzt der erste Schnee ein und wird die Farben verschwinden lassen, die Landschaft überzuckern und auf den Seen die erste dünne Eisschicht entstehen lassen. Mitte November kommt wieder der Winter.

Ein Rotfuchs schnürt durch den dick verschneiten Winterwald im November.

ZWISCHEN BEWUNDERUNG UND GEFAHR

Ab Mitte August werden die Tage spürbar kürzer, die Nächte kälter und dünner Bodennebel liegt über Land und Wasser. Das geschäftige Treiben des Hochsommers beruhigt sich. Von Tag zu Tag lässt sich die Verfärbung der Vegetation beobachten, deren Höhepunkt etwa Mitte September erreicht wird. Diesen Übergang von Sommer zum Winter wollte ich beobachten und traf im August in Churchill ein, um bis Anfang Dezember zu bleiben.

Ortsbeständig hielten sich sechs Arktische Hasen am Cape Merry, einer Landzunge, die sich nördlich von Churchill in die Mündung des Churchill Rivers und in die Hudson Bay schiebt, auf. Zwischen den riesigen grauen Felsen finden sie ideale Verstecke, in denen sie den Tag verschlafen. Hier sind sie an Menschen gewöhnt und man kann sich ihnen bis auf wenige Meter nähern. Sie wechseln jetzt ihr Fell von grauem Sommer- zu weißem Winterfell. Fast drei Monate lang fand ich sie jeden Tag, beobachtete ihr Verhalten und fotografierte sie in vielen Lebens- und Wettersituationen. Besonders eindrucksvoll aber ist ihr Grimassen- spiel und das Recken und Strecken nach einem langen Nickerchen. Es erinnert mich doch stark an uns selber.

Wenn im September die letzten langen Züge der Schneegänse Rich- tung Süden gezogen sind, das Laub von den Bäumen fällt und die bunten Blätter der Beerensträucher verdorren, dann beginnt an der Hudson Bay die Wanderung der Eisbären. Ein Schauspiel und Naturphänomen, das für diese Tiere einmalig in der Welt ist und nur hier in Churchill beobach- tet werden kann. Daher auch der Satz: „Churchill – Polar bear capital of the World". Den Sommer über verbrachten die Bären entweder an der Küste oder weit im Landesinneren, wobei man Eisbären schon in Ost- Saskatchewan gesehen hat.

Ende der 1970er Jahre entwickelte der Erfinder Len Smith in Zusam- menarbeit mit National Geographic eine sog. „Trackmaschine", ein geländegängiges Kettenfahrzeug, mit dem der Fotograf gefahrlos zu den Eisbären gebracht werden konnte. Aus dieser Idee heraus entstand der heutige „Tundra Buggy", der sich zu einem Publikumsmagneten avan- cierte, der bis heute sehr erfolgreich funktioniert. Anfang der 1990er Jah- re entwickelte Don Walkosy, ein ehemaliger Mechaniker von Len, seinen ersten eigenen Buggy und nannte seine neue Firma „Great White Bear Tours". Diese beiden Unternehmen haben als einzige das Recht zum Gordon Point, einem der Hauptsammelplätze für Eisbären, zu fahren. In der knapp sechswöchigen Saison werden bis zu zehntausend Eisbären- freunde und -touristen mit diesen Buggies fahren. Auf Wunsch können die Touristen auch tageweise in Hotels auf Rädern, die in der Tundra bei den Eisbären geparkt sind, übernachten. Überraschungen gibt es selten.

Trotz aller Vorsicht kommt es doch hin und wieder zu unerwarteten Situationen. So geschehen im Herbst 2004. Hubschrauber sind angewie- sen, etwa zweihundert Meter vom Tundra Buggy Hotel entfernt zu landen um sicher zu stellen, dass wirklich kein Bär in der Nähe ist. An diesem Tag setzte man sich über diese Regel hinweg, da sich an Bord nur erfah- rene Leute befanden, die sich mit Bären auskannten. Der Hubschrauber setzte nur wenige Meter von den Stufen entfernt auf, die zum Hotel hin- aufführen. Die erste Person verließ den Hubschrauber, lief die zwanzig Schritte zur Treppe und war am Hotel. Die zweite Person stieg aus, befand sich gerade zwischen dem Hubschrauber und der Treppe, als plötzlich ein halbwüchsiger Eisbär, der unerkannt hinter einem der drei Meter hohen Reifen geschlafen hatte, aufwachte und sich auf die Person stürzte. Er warf sie zu Boden, biss ihr in die Schulter und zog sie an der Parka- kapuze einige Meter weit über den Schnee. Geistesgegenwärtig nahm der Hotelbesitzer ein Kantholz in die Hand und schlug es dem Bären mehr- fach auf Kopf und Nase, bis der Bär von seinem Opfer abließ und das Weite suchte. Die Aufregung an Bord war verständlicherweise riesengroß. Die verletzte Person wurde sofort zum Krankenhaus nach Churchill geflogen. Die Bisswunde musste mehrfach genäht werden.

Wir müssen uns immer wieder bewusst werden: wir sind im Herzen des Landes der Eisbären. Wir kennen die Faszination und Gefahr, die von diesem Tier ausgeht und sollten uns entsprechend verhalten.

Im Herbst wechseln die jungen Eisfüchse ihre Farbe
von braun-gelber Sommerfärbung zu Schneeweiß im Winter.
Um sich Speck für die langen Winternächte anzufressen,
äsen sie tagelang die süßen Beeren von den Sträuchern.

Rentiermoos, ein Mosaik aus Flechten, rote Blätter
der arktischen Birke und Blätter der Alpinen Bärentraube
bilden ein farbiges Gemälde mitten in der Tundra.

Der Schneehase scheint den beginnenden Winter besingen zu wollen. Die weißen Hasen sind ihrer Umgebung meist perfekt angepasst. Im Sommer sind sie graubraun und im Winter weiß wie Schnee.

Meist verschlafen sie die Tage, zusammengekauert hinter einem Felsen oder einer Senke. In der Dämmerung werden sie aktiv und sind meistens mit der Nahrungsaufnahme beschäftigt.

Ich liebe es, Schneehasen zu fotografieren. Sie sind immer für einen komischen Gesichtsausdruck oder eine ulkige Körperhaltung gut, wenn sie gähnen, sich strecken, sich putzen oder einfach nur fressen.

Rotgefärbte Blaubeerbüsche im September

Ein junger Eisfuchs hat nach zwanzig Minuten emsigen Grabens endlich das Lemmingnest geknackt, zieht Lemming für Lemming heraus und spielt mit ihnen sein grausames Spiel. Hier scheint ein Lemming seinen letzten Hilferuf herauszuschreien. Er sitzt unter der Pfote des Fuchses mit weit aufgerissenem Maul.

Mitte September sammeln sich tausende
von Schneegänsen, die von ihren Nistplätzen
im Hohen Norden nun Richtung Süden fliegen.
Hier, in den Hudson Bay Lowlands, dem
riesigen Sumpfgebiet zwischen Manitoba und
Nunavut lassen sie sich nieder, um sich an den
Beeren satt – und vollzufressen. Keine Gans
gönnt der anderen die saftigen Beeren zuerst.
Ständig überspringen sie sich während des Äsens.
Aus einiger Entfernung wirkt es wie eine sich
schnell bewegende weiße Lawine aus Federn.
Angeblich haben sich die Schneegänse in
den letzten Jahren zu stark vermehrt, so dass
sie nun das ganze Jahr über von einheimischen
Jägern geschossen werden. Schneegänse
um Churchill herum fotografieren zu wollen,
ist eine Utopie geworden.

Weite Teile des Baumbestandes an der Grenze zwischen dem nördlichen Nadelwald und der baumlosen Tundra bestehen aus Lärchen, die jetzt im Herbstwind golden leuchten. Nur einen Tag war es mir vergönnt, dieses Farbenspektakel zu bewundern. Am nächsten Tag waren fast alle Nadeln abgefallen.

Ein seltenes Bild! Mitten in der Nacht um 2.30 morgens beobachte ich eine Eisbärin mit ihren zwei schon fast erwachsenen Jungen. Sie tun sich an einem Stück Walspeck gütlich, das sie am Strand gefunden haben. Aus dem Nichts erscheint plötzlich ein Barren Ground Grizzly, ein kompakter Braunbär, kleiner als die Eisbären, aber voller Energie und angriffslustig. Zunächst trottet er friedlich auf die Eisbärenfamilie mit ihrer Beute zu. Plötzlich beginnt er zu fauchen und zu knurren, wirft mit der Vorderpfote Wasser nach oben und fährt eine Attacke gegen die Eisbären. Für einen Moment stutzen diese, reißen dann aber aus, so schnell sie können.

An der Küste des arktischen Ozeans war ein Wal gestrandet. Im roten Licht der aufgehenden Sonne zieht vom Meer her eine Eisbärin mit ihren Zwillingen über den Strand direkt auf mich zu, umringt von vielen schreienden Möwen.

SCHNEE

Im Februar tobte ein dreitägiger Schneesturm über Churchill und lähmte die ganze Stadt. Er erreichte Windgeschwindigkeiten von bis zu 77 km/h und die Außentemperatur sank auf -30° C. Die lokale Fernsehstation gab die gefühlte Temperatur mit -68° C an.

An solchen beißend kalten Tagen verursacht jeder Schritt im Freien Schmerzen, die nur von der Sinnlosigkeit übertroffen werden, sich in dem wütenden Schneegestöber zu bewegen. Es gibt keinen Punkt, an dem man sich orientieren könnte – Gebäude oder Autos blitzen nur kurzfristig aus dem frostigen Blizzard auf.

Am anderen Morgen war die Welt verwandelt. Der Sturm hatte nachgelassen, und die kaum über dem Horizont stehende Sonne tauchte die Landschaft in eine Palette warmer Töne. Als der Himmel aufklarte, war die Luft von Tausenden glitzernder Eiskristalle erfüllt. Sie schlugen sich auf den Resten sommerlicher Gräser nieder und hüllten die Leeseiten von Felsen, Bäumen und Häusern in kunstvolle Formen. Kein Bildhauer hätte kreativer sein können.

Ich näherte mich einer stark strukturierten Schneewehe, um sie von allen Seiten zu betrachten und bemerkte, wie die Eiskristalle über den Kamm geweht wurden, sich sanft wie Puderzucker niederließen und eine neue Form schufen. Die ursprünglich sechseckigen Schneeflocken haben nach ihrem langen Flug über die Tundra und nach Zusammenstößen mit Felsen, Bäumen und Zweigen ihre Form verloren und bestehen nur noch aus winzigen Eisnadeln von weniger als 1 mm Länge. Unter dem Winddruck bilden sie dicht gepackte Schneewehen von ungewöhnlicher Stabilität, mehrere Meter hoch, bretthart und unüberwindlich. Eine typische Schneewehe hat eine Dichte von 400 kg/m³ (frisch gefallener Schnee hat eine Dichte von 16 kg/m³).

Eisbären nutzen den Schnee in vielfältiger Weise. Sie wälzen sich darin, um sich zu säubern, sie nehmen ihn auf, um sich abzukühlen, sie pirschen sich darauf an Beute an, um nicht gesehen zu werden, lassen sich einschneien, um isoliert zu sein; kurzum, der Schnee ist ein wichtiger Teil ihres Lebens.

An der windabgewandten Seite eines großen Hanges stehen die Fichten in ständiger Schneeberieselung. Entsprechend dick liegt dann die weiße Pracht auf den Zweigen. Als am frühen Morgen die Sonne aufgeht, wird dieser kleine Fleck in eine Märchenlandschaft verwandelt. Ein Rotfuchs liebt wohl die Dichtigkeit der eng zusammenstehenden Bäume, um sich zu verstecken.

Nach starken Schneestürmen
türmt sich der Schnee zum Teil
meterhoch und bildet fast künst-
lerische Skulpturen. Besonders
herausgeformt werden die
unterschiedlichen Strukturen erst,
wenn die tiefe Abendsonne
hineinscheint und jede kleine
Eisnadel sichtbar werden lässt.

Für viele Jahre blieb es ein Traum, kämpfende Eisbären im Schneesturm zu sehen und zu fotografieren. Zu viele Faktoren müssen aufeinandertreffen, um dies zu ermöglichen: ein dichter Schneesturm, zwei große, möglichst saubere, spielwillige Bären, die nicht zu scheu sind, kämpfend an einem Platz, der mit Buggy oder Auto erreicht werden kann. Hier traf alles zusammen. Der Wind trieb dichte Schneewolken über das Land. Die Sicht war eingeschränkt, z. T. auf weniger als zehn Meter. Manchmal sah ich nur noch Umrisse der Bären. Doch es war fantastisch, wie in einem Studio mit weißer Leinwand dahinter. Nur an einem Tag in all den Jahren sah ich es so perfekt.

Einsamer Eisbär auf einer kleinen Eisscholle mitten im Ozean auf Spitzbergen im äußersten Norden von Norwegen. Es war Anfang September, die Sonne ging nach dem Polarsommer zum ersten Mal wieder unter den Horizont und tauchte das Land in ein unwirkliches Licht.

Spitzbergen leidet ebenso wie der Rest der Arktis unter der enormen durchschnittlichen Erwärmung, die auf Spitzbergen schon 3° C ausmacht. Die Folge sind massiv abschmelzende Gletscher und ein Zurückziehen der Packeisgrenze. Im Herbst 2005 musste unser Schiff bis auf über 81 Grad Nord fahren, um die ersten Packeisfelder anzutreffen.

Für Sekunden rastete die Elfenbeinmöwe auf der Spitze dieses
Eisberges, der von den gewaltigen Gletschern im Hornsund,
im Süden Spitzbergens, abgebrochen war.

Als sich kurzfristig der Nebel
am Nord Ost Land Spitzbergens
lichtet, taucht vor uns ein male-
rischer Eisberg auf mit Drei-
zehenmöwen und Gryllteisten.

Großer, männlicher Eisbär in driftendem Schnee.

Ein großes Sonnenphänomen leuchtet über
der Tundra im Licht der Dezembersonne.
Links und rechts der Sonne die sogenannten
Sonnenhunde, der Ring, ein Haloring, leicht
angedeutet Sonnenständer von der Sonne
direkt ausgehend und ein Bogen, der
oben auf dem Haloring aufzusitzen scheint.

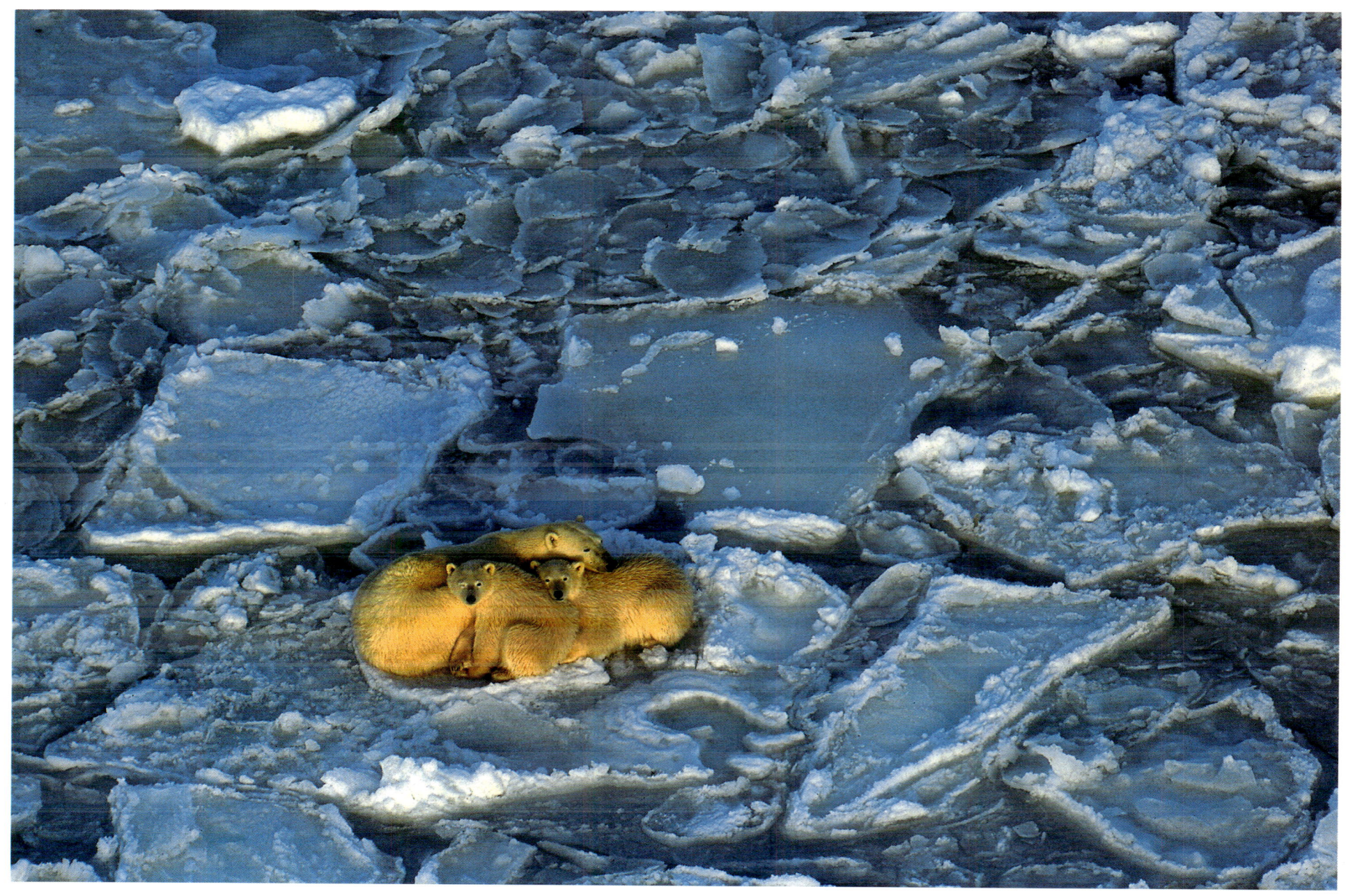

Innerhalb weniger Tage hat sich der Eisbrei auf der Hudson Bay so verfestigt, dass sich die ersten Eisschollen bilden konnten. Die Eisbären können es riechen und es gibt für sie kein Halten mehr. Innerhalb von einem Tag verlassen 80 % aller an Land wartenden Bären den festen Untergrund und ziehen hinaus in ihre Welt des Eises. Hier eine Bärin mit zwei halbwüchsigen Jungen im Licht der Abendsonne Ende November.

ABSCHIED VOM LAND

An einem klaren Tag Mitte September 2003 flog ich im Auftrag der Nationalparkverwaltung mit Loui Lemieux, einem Hubschrauber-Flugkünstler, ostwärts entlang der Küste der Hudson Bay über den Wapusk Nationalpark. Aus etwa fünfhundert Metern Höhe erschien mir das Tiefland wie ein abstraktes Gemälde aus Herbstfarben und geologischen Formationen. Geröllbänder der ehemaligen Uferlinie ziehen sich kilometerlang parallel zur heutigen Küste. Dazwischen liegen kleine Sumpfseen und karger Tundraboden, auf denen immer wieder Baumgruppen der typischen schwarzen Fichte stehen. Der Blick wendet sich Richtung Westen und streift über die Tundra mit tausenden von glitzernden Seen und Sümpfen.Dann folgt die Waldgrenze und ganz weit im Westen, der nordische Nadelwald. Einhundertzwanzig Kilometer lang erstreckt sich unberührte Natur entlang der Hudson Bay Küste. Kein Pfad, keine Straße und kein Zaun durchschneiden sie. Weiter Richtung Süden überfliegen wir den Broad- und den Owl River, die beide gewaltige Sedimentmengen mit sich führen und sich in farbenprächtigen Delten in die Bay ergießen. Beide Flusssysteme bieten Eisbären im Frühjahr ideale Verhältnisse, um ihre Bauten zu graben. Insgesamt soll es hier bis zu siebenhundert Eisbären-Erdhöhlen geben, die tief in den lockeren Torf eingegraben sind.

Im November flogen wir dieselbe Route noch einmal. Die lebhaften Farben des Vormonats sind verschwunden. Der Wind brach das frische Eis und schob es über den See, wo es sich am Ufer auftürmte, die andere Seite des Sees blieb eisfrei. Von oben erinnerten die Seen nun an halb geschlossene Augen. Zwei Wochen später war alles zugefroren und an der Küste bildete sich Packeis. Die jahreszeitliche Verwandlung der Bay hatte begonnen.

Südlich von Cape Churchill lagen fünfzehn Eisbären nebeneinander in ihren Kies„betten", ständig das sich bildende Eis vor Augen, auf ihre Zeit wartend. Die Bären sammeln sich für ihre jährliche Wanderung auf das Eis nicht ohne Grund an dieser Stelle. Die Geländeformen der Küste zwischen dem Ort Churchill und dem Cape Churchill, die Gezeiten, Strömungen und Temperaturen sorgen dafür, dass sich hier besonders früh Eis bildet. Während die Küste von Norden nach Süden verläuft, biegt sie bei Churchill nach Osten ab und bildet am Cape Churchill den exponiertesten östlichsten Punkt der Geographie und ragt als Haken in die Hudson Bay hinaus. Anfang November drücken starke Winde das frische Eis vom Norden nach Süden, wo es sich – zusammen mit neu gebildetem Eis – im Flachwasser vor dem Cape rasch aufstaut.

Der Kreislauf ist aber erst dann geschlossen, wenn ein Streifen von mehreren Kilometern Breite in die Bay hinein gefroren ist. Das gesamte Binnenmeer friert nur selten komplett zu. Die Strömungen der Gezeiten sind zu stark und reißen das Eis großflächig immer wieder auf. Es entstehen Polynias, die Lebensadern der Arktis, an denen sich im Winter das marine Leben abspielt.

Das Zufrieren im Herbst kann, wie 2005, nur wenige Tage, manchmal nur 48 Stunden, aber auch zwei bis drei Wochen dauern. Ende Oktober bis Anfang November drücken kalte Nordwinde bei Sturmstärke die Temperatur auf -20° C und tiefer. Sobald sich die ersten Eiskristalle im Wasser bilden, entsteht „Slush", Eisschlamm, der sich schnell verfestigt und erstes solides Eis formt, das dann als sichere Unterlage für die hungrigen Bären dient.

Ist dieser Schritt erst einmal getan, endet die Eisbärensaison sehr schnell. Innerhalb von wenigen Stunden sieht man weit draußen auf dem frischen Eis bis zu zwanzig kleine gelbe Punkte, die immer weiter hinauswandern. Die Eisbären verlassen das Land, um in *ihr Land* zurückzukehren.

Das ständige Sicherneuern der Natur fasziniert
mich mehr und mehr. Innerhalb von zwei
Tagen veränderte sich die Landschaft an der
Hudson Bay Küste von grau-braun herbstlich
zu graphischen Gemälden aus erstem Schnee,
angefrorenen Seen bei tiefstehender Sonne.
Großen Augen mit schwerem Lidschatten
gleich liegen die Tundraseen unter einer
dünnen Eisschicht. All dies wird nach dem
ersten starken Schneefall verschwunden sein.
Fotografiert vom Hubschrauber aus etwa
tausend Metern Höhe.

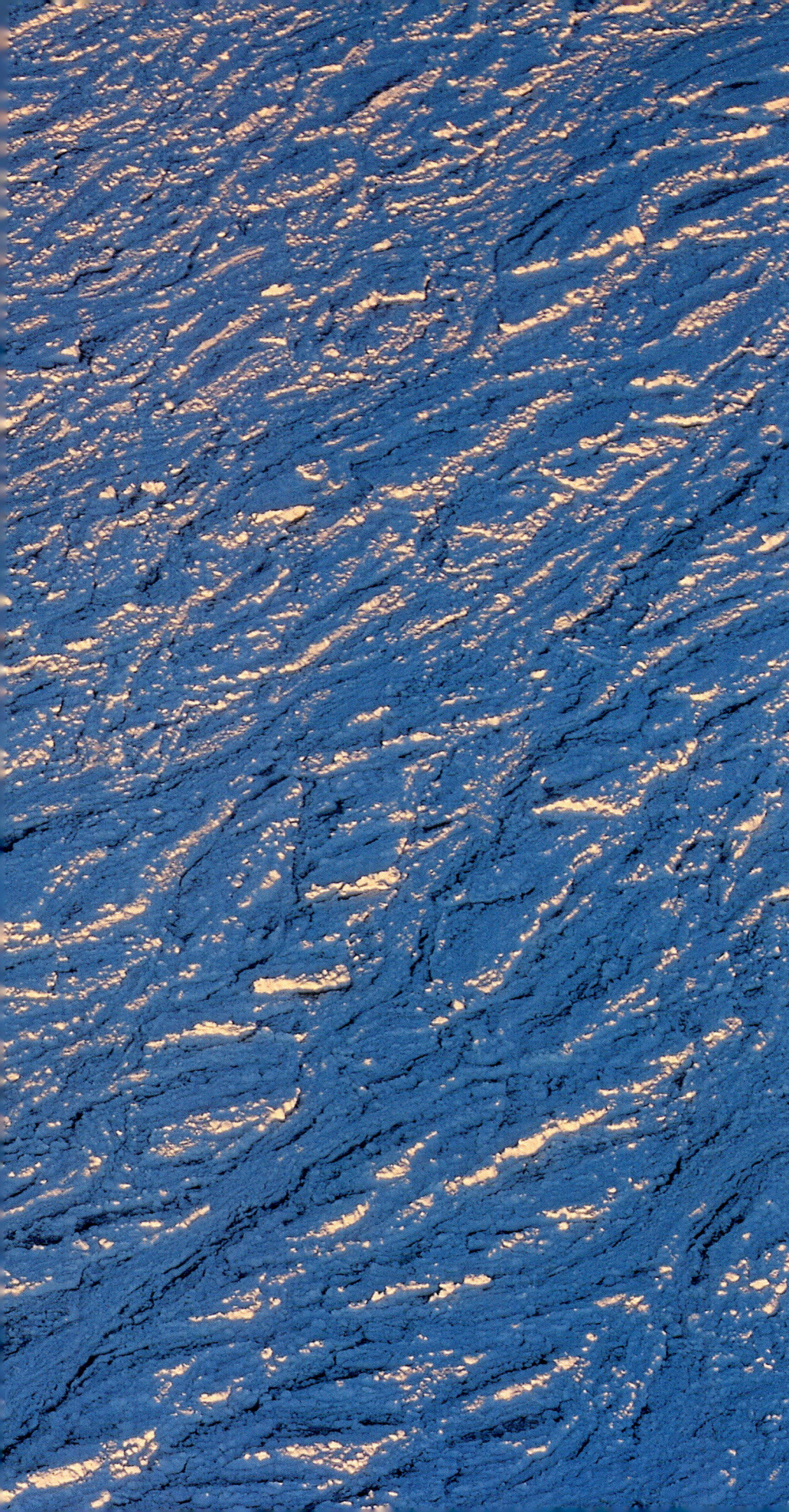

Diese und folgende Doppelseite:
Wer es nicht mit eigenen Augen sieht, glaubt es kaum. Über Nacht bilden sich in den Gezeitenzonen die ersten soliden Eisplatten bei Temperaturen von -20° C und 40 km/h Wind. Man kann zuschauen, wie das Eis entsteht und wächst. Es wird vom Wind in den verschiedenen Richtungen getrieben, zusammengedrückt und auseinander gerissen. Bären nutzen diese Gelegenheit sofort, um auf die neuen Plattformen zu wandern, was bei diesem Bären zum Problem wurde. Er hatte die Dicke des Eises unterschätzt und brach ständig ein.

Prognosen besagen, dass wenn sich die
Seeeisdecke im Sommer komplett auflösen
sollte – und es wird angenommen, dass dies
vor Ende dieses Jahrhunderts sein wird –
der Eisbär nicht überleben kann, es sei
denn, er stellt sich auf viele Sommermonate
auf dem Land ein. Bei der Aussicht dieser
Prognosen bin ich dankbar, diese letzten
zwanzig Jahre in der Arktis erlebt zu haben,
wie ich sie erlebt habe. Niemand hält den
menschlichen „Fortschritt" auf.

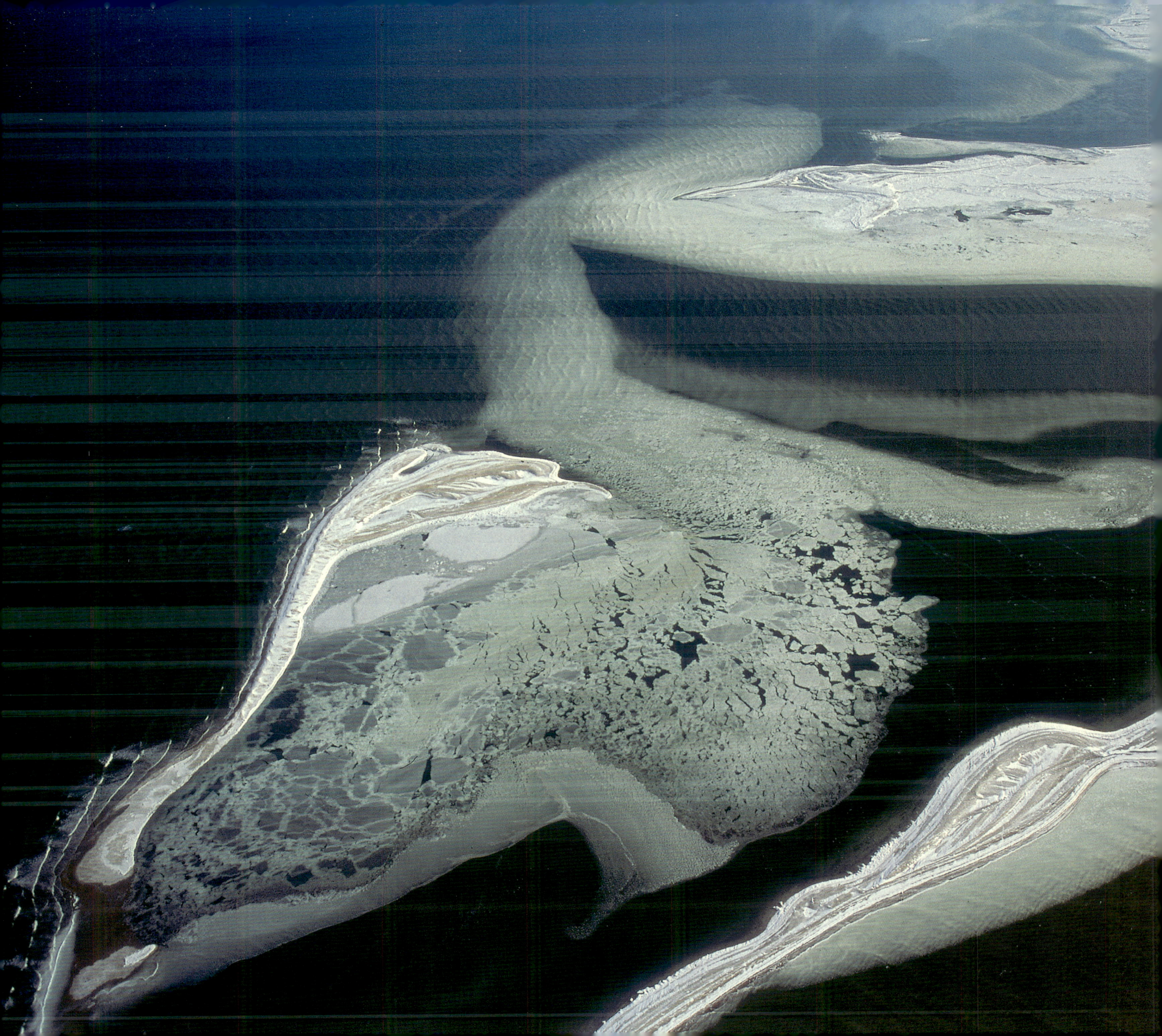

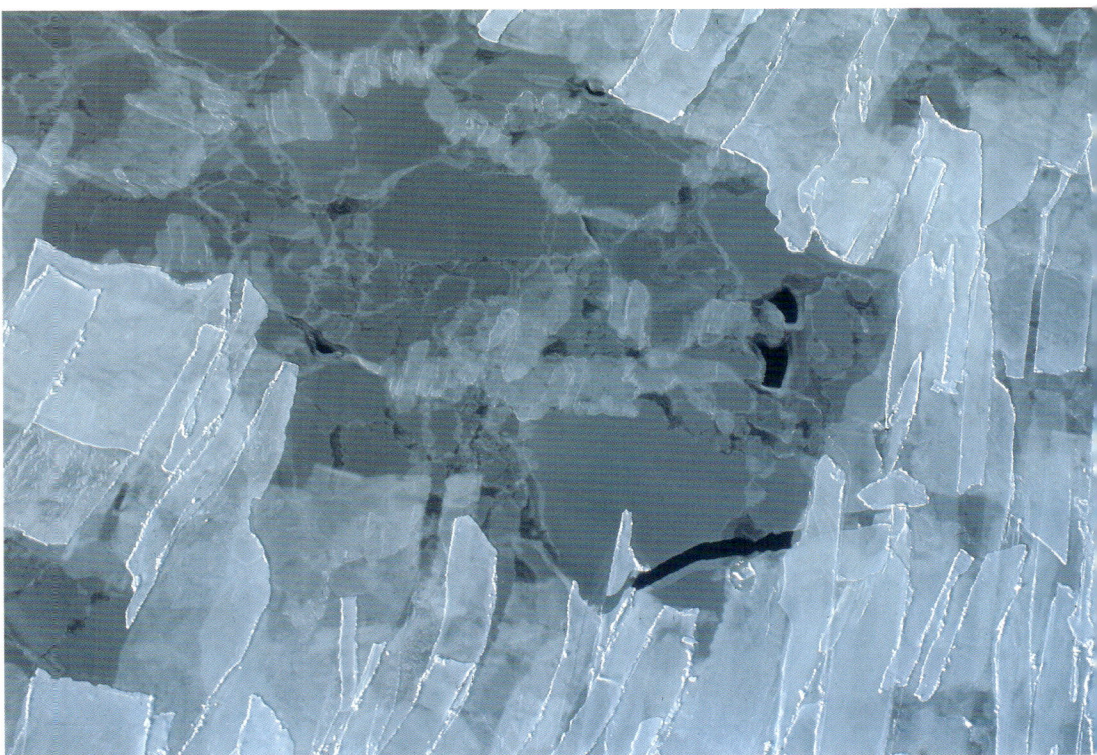

Windstille herrschte und das Wasser der Hudson Bay gefror wie eine riesige Glasscheibe. Die Eisschicht war nur wenige Zentimeter stark, als die Gezeiten einsetzten. Das Eis zerbrach und schob sich, zersplittertem Fensterglas gleich, über- und ineinander. Luftaufnahme aus etwa dreihundert Metern Höhe.

„Slush" oder Eisbrei bildete sich nach einer kalten Nacht an den Sandstränden der Keysak Insel vor der Küste des Wapusk Nationalparks. Luftaufnahme vom Hubschrauber aus.

Winter

Messerscharfe Eiskristalle
fegen über das Land und formen
betonharte Schneewehen.

Aufsteigender Atem eines
schlafenden Eisfuchses.

Ruhe senkt sich über das Land.

Der Schnee fällt lautlos und in dicken Flocken. Stille.

Kein Ruf einer Gans stört sie mehr, kein Blasen eines Wales.

Die Tiere bereiten sich darauf vor, den Winter zu überleben.

Lemminge verkriechen sich in ihren Tunnelsystemen unter dem

Schnee, Schneehühner suchen Schutz unter ausladenden

Zweigen und Schneehasen kauern sich hinter dicken Felsen.

Der erste Wintersturm setzt ein. Die weiche Schneeflockendecke

am Boden wird auseinandergerissen, die einzelnen Flocken

verblasen und zerbrechen. Zurück bleiben winzige Eisnadeln,

die charakteristisch für die Winterstürme bleiben werden.

Sie verbacken sich zu brettharten Schneewehen, rasieren Astan-

sätze der Bäume ab und beißen Mensch und Tier ins Gesicht.

Die Kälte setzt ein und alles Leben erstarrt.

Presseisrücken türmen sich auf den Meeren auf. Die Sonne

geht nicht mehr auf. Ein riesiger, feuriger Mond geht am

Horizont auf und erhellt die Nacht mit geisterhaftem Licht.

Polarlichter tanzen am Himmel. Sterne glitzern wie

tausende Punkte am nächtlichen Firmament. Das Land schläft

und mit ihm fast alle Tiere.

Etwa zweihundert Kilometer legen Eisfüchse pro Tag auf ihrer konstanten Suche nach Nahrung zurück. Sie überleben Temperaturen von bis zu minus 80° C und sind die wahren Überlebenskünstler der Arktis.

WARTEN AUF DAS EIS

Wenn auf der Tundra ein leichter Wind weht, der Himmel grau und die Temperaturen milde sind, sind die Eisbären nicht sehr aktiv. Bläst jedoch ein kalter Wind aus Norden, scheint die Sonne, und die erste Eisschicht bildet sich auf dem Wasser, werden die Bären genauso aufgeregt wie die Touristen, die sie beobachten. Sie laufen herum, wagen erste Schritte auf das Eis, um seine Dicke zu testen und kämpfen miteinander. Eisbären sind die größten Fleisch fressenden Landtiere, daher ist es nicht verwunderlich, dass die Scheinkämpfe der jungen Männchen jedermann in Churchill beeindrucken. Ihre endgültige Größe erreichen Eisbären allerdings erst mit etwa 10 Jahren. Die weißen Riesen stehen auf den Hinterbeinen und können stundenlang gut gelaunt miteinander ringen. Sie beißen ihren Gegner in Ohren und Nacken und werfen ihn gelegentlich zu Boden. Die Bären taumeln durch den Schnee wie zwei Hollywood-Stuntmen in einem gut choreographierten Schaukampf; sie schütteln den frischen Pulverschnee in wehenden Streifen aus glitzernden Kristallen aus ihrem Fell. Genauso schnell können sie auf die Füße springen und sich wegschieben oder boxen.

Es ist nicht ungewöhnlich, dass ein schwer atmender Bär seinen Durst löscht und Schnee aufleckt, während sein Gegner mit ausgestreckten Gliedern flach auf dem Schnee liegt, um seinen Magen zu kühlen. Sie erholen sich rasch und starten einen neuen Kampf. Jungbären lernen bei solchen Scheinkämpfen alle Tricks, die sie in den späteren Kämpfen um Weibchen, Revier und Beute brauchen. Warum allerdings ausgewachsene Eisbären, die ihren Platz bereits kennen, sich dennoch in solchen Kämpfen engagieren, ist noch offen – beim Wettbewerb um ein Weibchen kann der Kampf zwischen zwei Eisbären tödlich enden. Manche Wissenschaftler glauben, dass die Eisbären eher zufällig in solche Kämpfe geraten, andere argumentieren, dass selbst erfahrene Bären durch Scheinkämpfe das Kräfteverhältnis testen, ehe es später in echten Kämpfen bedrohlich für sie werden könnte.

Eines Morgens vor Sonnenaufgang kehrte ich zu dem Ort zurück, wo ich am Tag zuvor zwei Faustkämpfern zugesehen hatte. Der Himmel war über Nacht aufgeklart und färbte sich rot, als ich die beiden friedlich nebeneinander auf dem Eis liegend sah. Sie waren noch erschöpft von ihrem letzten Boxkampf und fraßen Schnee, um sich abzukühlen, als die Sonne über den Horizont stieg. Kurz darauf standen sie wieder auf den Füßen und versuchten, einen Treffer zu landen. Sie wechselten aber nur einige gezielte kurze Schläge, dann zogen sich beide in eine Schneewehe zurück, um sich für ein wohlverdientes Schläfchen hinzulegen.

Für die Eisbärfamilien ist die Wartezeit auf das Eis aber alles andere als Spiel und Spaß. Die Bärinnen beschützen ihre Jungen noch immer vor den männlichen Bären. Die Familie bleibt eineinhalb Jahre zusammen (bis zu zweieinhalb Jahre weiter im Norden). Während dieser Zeit werden die Jungen noch gesäugt, lernen aber bereits, wie man jagt. Jungbären, die ihre Mutter verlassen, schließen sich häufig zu Teenager-Banden zusammen, bis sie alt genug sind, eine eigene Familie zu gründen.

Während ich mich darauf konzentrierte, die Schneewehe ins richtige Bild zu setzen, schaute plötzlich der Eisfuchs aus dem großen Loch hervor. Was für ein Bild! Eisfüchse sind in der Lage, sich hinzulegen, wo sie sich gerade aufhalten. Sie rollen sich zusammen und halten ein Nickerchen. Oftmals, so wie hier, überrascht man sie dabei. Dieser Fuchs wurde vom Klicken der Kamera aufgeweckt und sah mich für Sekunden sehr überrascht an. Das Bild entstand auf Spitzbergen.

Es war Mitte Februar und der Wetterbericht im Radio meldete -39° C bei 40 km/h Wind, das treibt die gefühlte Temperatur auf -57°. Elli und ich zwangen uns an diesem eisigen Morgen nach draußen zu gehen und nach den Füchsen zu suchen. Wir hofften, den Fuchs noch schlafend wiederzufinden, den wir am Abend verlassen hatten und hatten Glück. Der untergehende Vollmond senkte sich gerade Richtung westlichem Horizont, als der Fuchs aufwachte und mich für kurze Zeit anblickte. Nur wenige Bilder konnte ich bei der langen Belichtungszeit machen, dann war meine Brille vereist und meine Finger Eisklumpen.

Eisbären sind perfekt an ihre Umwelt angepasst. Eine dicke Fettschicht und das isolierende Fell halten die Körpertemperatur so ideal, dass selbst mit Infrarot Kameras fast kein Wärmeverlust nachgewiesen werden kann. Bei herannahenden Schneestürmen lassen sie sich einschneien und setzen ihren Weg fort, wann immer es ihnen passt.

Ihrem phänomenalen Geruchssinn verdanken die Eisbären das Überleben. Aus über einem Kilometer Entfernung sind sie in der Lage, ein Seehundbaby dreißig Zentimeter unter der Eisoberfläche in dessen Geburtshöhle zu riechen. Doch trotzdem haben sie nicht immer Glück und Erfolg bei der Jagd. Von zwanzig Jagdversuchen ist meist nur einer erfolgreich.

Sind Eisbären wirklich emotional? Oder interpretieren wir dieses in sie hinein? Dieser Eisbär scheint „traurig" zu sein, doch er kratzt sich mit der Kralle einer Pfote das Auge. Dieses Verhalten lässt sich oft beobachten.

Ein „glücklicher" Bär, der sich vor Lebensfreude im Schnee wälzt. Tatsächlich empfindet er großes Wohlbefinden, wenn er sich nach einem Nickerchen unter einer Weide reckt und streckt und ihm die starren Zweige den Bauch und den Rücken kratzen.

Es war ein relativ milder Herbsttag. Der Himmel grau verhangen und das Eis der Seen gerade tragfähig. Zwei große Bären hatten miteinander gespielt und aufgrund der milden Temperaturen (um den Gefrierpunkt) sich schnell überhitzt. Dieser Bär brauchte eine Abkühlung und legte sich platt auf den Bauch, dabei völlig symmetrisch auf das Eis.

Sich recken und sich strecken scheint eine der Lieblingsbeschäftigungen der Bären zu sein, wenn sie nach langen Ruhepausen aufwachen.

Eine scheinbar ratlos dreinschauende Bärin –
was wird die Zukunft bringen?
Durch die allgemeine Erderwärmung wird in den
nächsten Jahrzehnten insbesondere die Eisbären-
population der Hudson-James Bay in Mitleiden-
schaft gezogen werden. Zwischen 1981 und 1998
wurden schon bis zu 15 % weniger Eisbärenge-
burten gezählt. Da das Eis im Frühling eher schmilzt
und sich im Winter später bildet, müssen die Eisbären länger fasten. Wenn weibliche Bären ein
bestimmtes Gewicht bis zum Herbst nicht erreichen,
können sie keine Jungen gebären oder die Jungen
werden verhungern. Durch das sich immer weiter
zurückziehende Seeeis sind die jungen Familien
gezwungen, immer weitere Strecken zu schwimmen,
was weder den Bärinnen noch den Jungen möglich
ist. Die Zunahme von Regenfällen im Februar und
März lässt Bärenhöhlen erweichen und einstürzen,
was den Tod der Familien bedeutet.
Ich habe schon Starkregen Mitte Februar in Churchill
erlebt, der die gesamte Tundra mit Eis versiegelte
und aufrechtes Gehen fast unmöglich machte.

Die Spiele der ungewöhnlichen Partner. Alle Jahre wieder kommt es zu einem nicht alltäglichen Zusammentreffen zwischen frei herumwandernden Eisbären und Kanadischen Schlittenhunden, die natürlich nicht frei herumlaufen. Nicht jeder Eisbär ist in der Stimmung, mit einem dieser für sie so lauten und nervösen Hunde den Versuch zu unternehmen, mit ihnen zu spielen. Doch manchmal kommen ein Hund und ein Bär zusammen, die sich verstehen, und ein verblüffendes Spiel beginnt.

Oben: Vorsichtig zwickt der Bär dem Hund mit langen Zähnen an der Backe. Den Hund stört das nicht weiter.

Unten: Der Bär öffnet sein großes Maul und umfasst den gesamten Hals des Hundes. So hielten sie inne für bestimmt eine Minute. Beide schienen es zu genießen. Das Spiel dauerte insgesamt etwa zwanzig Minuten. Am nächsten Tag kam der Bär nicht wieder zurück.

Brian Ladoon, Freund und Hundezüchter der Canadian Eskimo Dogs.
Seit über 30 Jahren züchtet er diese Hunderasse und widmet ihnen sein Leben.

Im Frühjahr jagen Eisfüchse auf Spitzbergen gerne nach jungen Robben,
die in ihren Geburtshöhlen wohl behütet unter dem Eis liegen. Bären haben damit
kein Problem, stürzen sich mit aller Macht auf das Dach der Höhle und
zerbrechen es. Dieser Eisfuchs will es mit ausdauerndem Springen und Scharren
versuchen. Etwa zwanzig Minuten belustigte er mich mit seinen hohen und
kräftigen Sprungattacken auf das Eis. Immer wieder scharrte er wie wild,
streckte seine Nase in den Schnee, kam hervor und sprang wieder und wieder und…
Das Ergebnis? Leider keines! Unterhaltungswert? Super!

Alopex Lagopus stammt aus dem Griechischen und heißt in diesem Fall so viel wie
„der Hasenfüßige", bezogen auf die
dick vom Fell überzogenen, langen Hinterbeine des Eisfuchses.
Eisfüchse bevölkern die gesamte Arktis von
Kanada, Grönland, Spitzbergen, Russland bis
Alaska. Selten kommt eine dunkle Variante
vor, der Blaufuchs, der den gleichen wissenschaftlichen Namen trägt und der genauso
aussieht wie der weiße Eisfuchs, nur
dass er ein fast schwarzes, seidiges Fell hat.
Eisfüchse sind Allesfresser und reine Oppor-
tunisten. Im Sommer leben sie von Geflügel
und Nagetieren, im Winter folgen sie den
Eisbären weit raus aufs Eis, um von deren
Seehundmahlzeiten etwas abzubekommen.

Gerade hatte sich neues Eis gebildet. Durch die Gezeiten-
hübe hob und senkte sich das Eis und dicke Felsen
brachen es auseinander und bildeten glatte Eishügel. Schon
vor weitem konnte ich ihn gut erkennen, den Eisfuchs
im lockeren Trab. Rotfüchse schnüren geradeaus, Eisfüchse
sind ständig in Eile, im leichten Trab, und wirken so, als
würden sie ständig vom Wind zur Seite geweht. Die Nase
befindet sich immer nur wenige Zentimeter über dem
Boden, um auch ja keine Nahrungsquelle zu verpassen.
Die wachen Augen blitzen ständig und halten ihre
Umgebung genau im Auge. Eisfüchse sind spannend zu
beobachten und zeigen viele „menschliche" Züge.

Einen guten Aussichtspunkt für die Eisfüchse bieten hohe Eispressungen. In Windeseile steigen sie über schroffe, steile Kanten hoch. Kommt ein Sturm auf, legen sie sich gerne in diese Pressungen, vom Wind geschützt, schlafen.

Lemminge sind die Lieblingsbeute der Eisfüchse. Diese kleinen Nager bestimmen auch den Zyklus der Fuchspopulationen in der Arktis. In typischen Lemmingjahren finden sich in einem Eisfuchswurf bis zu fünfundzwanzig Junge. In schlechten Jahren bringen sie ein bis drei oder gar keine Jungen zur Welt.

LICHTPHÄNOMENE DES NORDENS

Der Name „Arktis" entstammt dem griechischen Wort für Bär (arctos). Die dominierenden Sternbilder sind der Große und der Kleine Bär. Ohne die störenden Kunstlichter der Orte oder Städte, die den Blick auf den Himmel trüben, ist der arktische Himmel ein Traum für Sternenbeobachter. Noch beeindruckender sind allerdings die optischen Himmelsphänomene der Region.

An einem klaren Januarmorgen verließ ich Churchill nach dem Frühstück und bemerkte eine gewaltige Nebelwand, die sich über dem Eis der Hudson Bay auftürmte. Starke Gezeiten und Meeresströmungen hatten das Packeis teilweise aufgerissen und das dunkle Wasser frei gelegt. Die Temperaturdifferenz zwischen der -37° C kalten Luft und dem relativ warmen Wasser von -4 Grad C ließ Nebel entstehen, den nun ein frischer Nordostwind ans Land trieb. Der Wasserdampf gefriert sofort zu winzigen Eiskristallen. Milliarden solcher Kristalle spiegeln das Licht und sind für die außergewöhnlichen Erscheinungen verantwortlich.

Wie immer, wenn man bestimmte Motive in der Arktis fotografieren möchte, spielt der Zufall eine große Rolle. An diesem Morgen hatte ich Glück: Die Luft war eisig und klar und der kalte Nordwind biss mir in die Nase. Mit der Hand hielt ich die Sonne ab, um deren Himmelsumfeld betrachten zu können und war hoch erfreut. Endlich bot sich das Schauspiel verschiedener Himmelsphänomene. Neben der Sonne waren Nebensonnen, Halos und Bögen zu sehen und nahmen fast einhundert Grad des gesamten Firmamentes ein. In derselben Nacht sah ich die Phänomene auch um den Mond.

Trotz dieser spektakulären Effekte ist die Arktis vor allem wegen der Nordlichter, der Aurora borealis, berühmt. Die beste Zeit, um dieses außerirdische Spektakel zu bewundern, sind September, Februar, März und April. In den übrigen Monaten kommt es zwar auch vor, der Himmel ist aber im Sommer zu hell und im Rest des Winters zu oft von Wolken bedeckt. Da Churchill, Yellowknife (Northwest-Territories) und Fairbanks (Alaska) unter dem so genannten Aurora-Oval liegen, lassen sich hier die besten Nordlichter beobachten. Das Nordlicht basiert auf den Eruptionen der Sonne. Das Licht und die Farben kommen durch Reaktionen von

Teilchen mit der Ionosphäre der Erde zustande (in 480 - 1000 km Höhe). Der andauernde Strom positiv und negativ geladener Teilchen von der Sonne wird als „Sonnenwind" bezeichnet und trifft nach einer Tagesreise durch das All mit 965 km/sec auf das Magnetfeld der Erde. Die Teilchen fließen entlang der magnetischen Feldlinien ab und streichen an der Erde vorbei. Im Bereich der Pole reagieren Stickstoff und Sauerstoff mit den Sonnenpartikeln – die Atmosphäre beginnt zu glühen.

Geschieht das in großen Höhen, leuchtet Stickstoff in blauen oder purpurnen Tönen auf; in niedrigeren Höhen reagiert Stickstoff mit rotem Leuchten. Reagieren die Partikel mit Sauerstoff, entstehen Grüntöne, die sich in Höhen über 250 km in leuchtendes Rot ändern. Jede wissenschaftliche Erklärung des Phänomens verblasst jedoch angesichts des ästhetischen Eindrucks. Um Mitternacht in einer bitterkalten Nacht flimmerte das Nordlicht im Osten. Ein durchsichtiger, grüner Schein kam näher und wurde immer größer. Er zog einen langen Lichtschweif hinter sich her, dessen leuchtende, miteinander verwobene Strahlen am Himmel waberten. Von einer Sekunde zur nächsten erfüllte diese halb aufgedrehte, grüne Schlange den Himmel und ihre schillernde Palette schien die Landschaft mit diffusem Schein zu wärmen. Während die Aurora nach Westen abwanderte, setzte sie immer wieder pulsierende Lichtstrahlen frei. Um 1.30 Uhr stieg der orangefarbene Mond über den Horizont und eine neue Nordlichtwelle zeigte sich am Himmel. Die Lichtstreifen teilten sich wie durchlässige Vorhänge und setzten einen leuchtenden Staub frei. Sie wanderten langsam vor dem herrlichen Mond entlang, bis sie im Westen verblassten.

Plötzlich explodierte die Aurora direkt über mir in hellroten und purpurnen Nadeln, die sich zu farbigen Bündeln vereinten. Ich war von Lichtstrahlen umgeben und fühlte mich wie in einem sich drehenden Karussell. Der norwegische Polarforscher Fritjof Nansen hatte diesen Effekt „Symphonie der Ewigkeit" genannt – und nun tanzten ihre grünen, bernsteinfarbenen, purpurnen und roten Strahlen um mich herum. In diesem Moment fiel mir ein, was der wortkarge Polarforscher Robert Scott beim Anblick dieser Erscheinung gesagt hatte: „Es ist unmöglich, diese Phänomene zu sehen, ohne in Ehrfurcht zu erstarren."

Sonnenphänomen „Nebensonnen", entstanden
durch Milliarden fliegender Eiskristalle.

Riesige Polarlichtkorona, die fast den gesamten Nachthimmel überspannte.

Ein relativ selten zu beobachtendes Lichtphänomen am arktischen Himmel sind die „Mondhunde". Sie entstehen gleich den Sonnenhunden oder Nebensonnen, s. S. 136. Nur erscheint dieses Schauspiel imposanter, weil man es nachts nicht erwartet und selten genau hinsieht. Mondlicht Phänomene sieht man am besten nach einem Durchzug von Eisnebel oder nach Schneestürmen. Der Mond sollte zwischen zunehmendem und abnehmendem Vollmond sein, um als Lichtquelle hell genug zu strahlen.

li. Grüne Polarlichter über vom Mondlicht reflektierenden Schneebänken

Mitte September, kurz nach Sonnenuntergang, entlädt sich ein großes Nordlicht am kristallklaren Himmel.

Tanzend und wabernd, mit schießenden Strahlen, rauscht lautlos ein helles Polarlicht über die Bäume des Nadelwaldes.

Polarlichter müssen nicht immer den ganzen Himmel einnehmen, um interessant zu wirken. Ein lichtmäßig blasses, grünes Band zieht sich über den Vollmond beschienenen Nachthimmel. Die Landschaft erglüht im blassen Licht des Mondes und des Nordlichts. Es könnte paradiesisch sein, wenn es nicht so kalt wäre dabei.

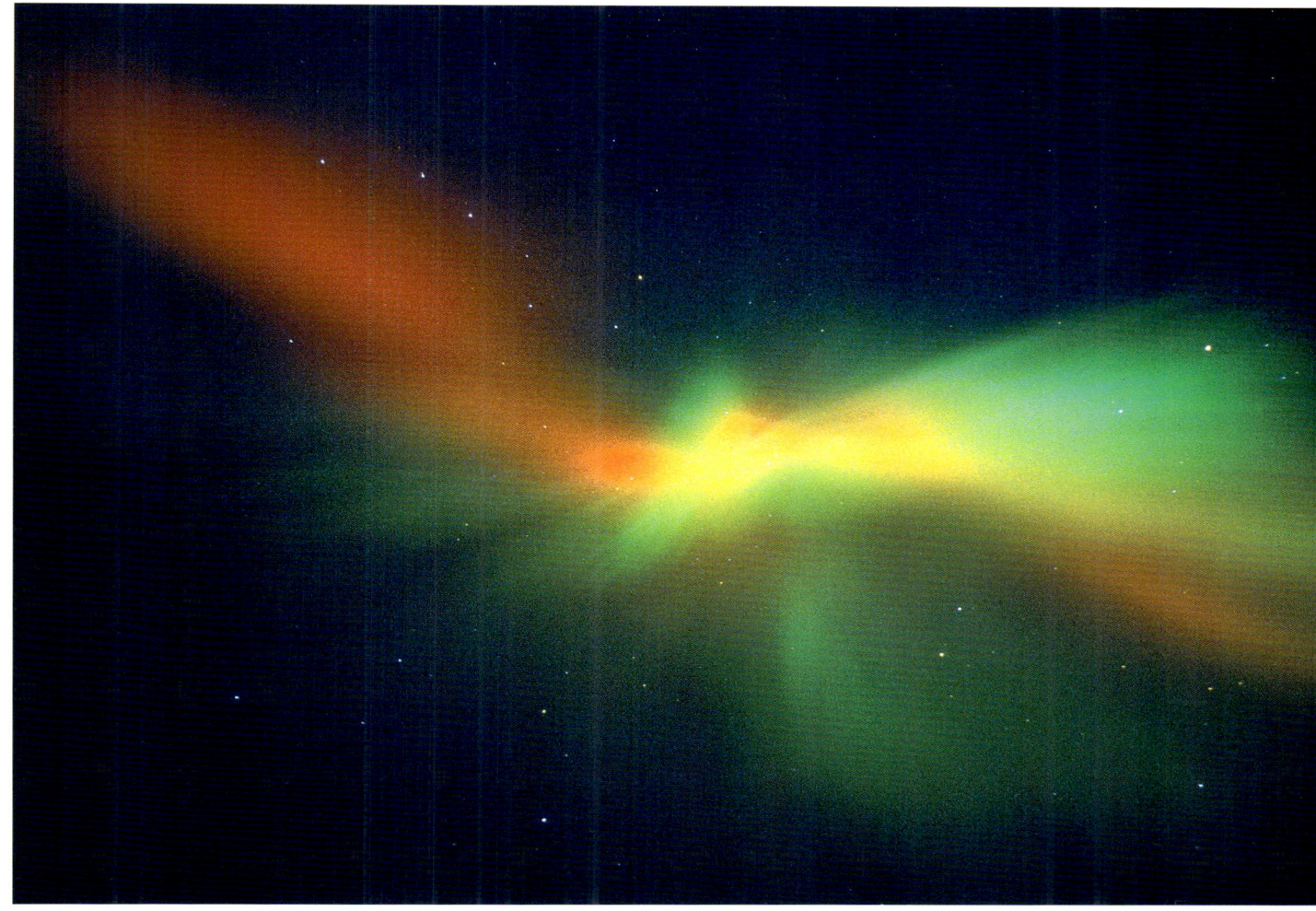

Eine Polarlichtkorona und Sternbild „Großer Bär". Korona bedeutet hier, dass das Nordlicht oder die Aurora Borealis senkrecht über dem Betrachter am Himmel steht. Alle Strahlen laufen vermeintlich in der Mitte zusammen. Eine optische Täuschung Hier aber schießt aus der Korona ein Gemisch verschiedener Farben aus dem Himmel heraus auf einen nieder. Was für eine Sinfonie der Natur! Wie klein wir doch sind!

NACHWORT

Der Eisbär ist eines der bekanntesten Tiere der Arktis und von enormer kultureller und spiritueller Bedeutung für die einheimische Bevölkerung. Die Gesamtzahl der auf 19 Populationen verteilten Eisbären liegt weltweit bei etwa 20.000 - 25.000. Sie sind optimal an den Lebensraum angepasst und entwickelten sich zu Spezialisten, die auf dem Eis gebärende Robben jagen. Eine spezielle Anpassung hat sie dazu befähigt, in der scheinbar erbarmungslosen und unvorhersehbaren Arktis zu überleben: Sie können ihren Stoffwechsel jederzeit verlangsamen, wenn die Robben knapp werden und sie Energie sparen müssen. In den Regionen, in denen das Eis im Sommer völlig auftaut, verbringen sie mehrere Monate an Land. In dieser Zeit fasten sie und leben von den gespeicherten Fettreserven. Dies lässt sich besonders eindringlich im südlichen Grenzgebiet ihrer Verbreitung studieren, etwa im Bereich der Hudson Bay. Dort fasten Bären jeglichen Alters und Geschlechts vier Monate, die trächtigen Bärinnen sogar acht Monate lang.

Historisch betrachtet war die Überjagung die stärkste Bedrohung für die Eisbären. Zum Glück für die weißen Bären erregten sie relativ früh die Aufmerksamkeit der Naturschützer. Als die Zahl der Eisbären in den 1950er und 60er Jahren stark abnahm, wurde 1968 die IUCN Polar Bear Specialist Group gegründet. 1973 kam es zu einem internationalen Abkommen zum Schutz der Eisbären und ihres Lebensraumes, das einstimmig von allen fünf „Eisbärländern" (Dänemark, Kanada, Norwegen, USA und der damaligen UdSSR) ratifiziert wurde. Die Zukunft der Eisbären schien gesichert.

Trotz dieser und anderer Schutzmaßnahmen, die eine gesunde Eisbär-Population in ihrem gesamten historischen Lebensraum zu bewahren halfen, werden nun globale Veränderungen zu einer Bedrohung. So beginnt beispielsweise das Eis in der westlichen Hudson Bay drei Wochen früher zu schmelzen als in den frühen 1970er Jahren. Damit verbleibt den Eisbären weniger Zeit auf dem Meer für die Jagd und den Aufbau ihrer Fettreserven; sie müssen früher an Land. Zudem müssen sie länger mit diesen verminderten Vorräten auskommen. Untersuchungen der Population in der westlichen Hudson Bay haben ergeben, dass die an Land gehenden Eisbären nicht mehr so fett sind wie früher, und dass die meisten Mütter ihre Jungen ein Jahr länger säugen, ehe sie sie entwöhnen; es gibt Veränderungen in der Zahl der Jungen und ihrer Überlebenschancen. Da Eisbären alt werden und das Überleben der Art mehr vom Überleben der älteren Tiere in einer schwierigen Umgebung abhängt, wirkt sich eine kurzfristige Änderung der Nachwuchszahlen bzw. ihrer Überlebenschancen kaum aus. Allerdings müssten sich die Umweltbedingungen mittelfristig wieder verbessern, damit die Erwachsenen im Folgejahr erneut Nachwuchs bekommen können.

Dies galt beispielsweise für die westliche Hudson Bay. Obwohl das Eis früher zu schmelzen begann und die Jagdsaison kürzer war, blieb die Population bis Mitte der 1990er Jahre stabil bei 1200 Tieren. Leider ist nicht gesichert, ob die Eisbären die kontinuierliche Erwärmung des Klimas überstehen werden. Ein ernstes Signal ist das Absinken der Bestandszahlen in der westlichen Hudson Bay auf 950 Tiere im letzten Jahrzehnt. Zwar gibt es immer noch Diskussionen darüber, welche Faktoren die Erwärmung des Weltklimas verursachen, doch die Hochrechnungen sprechen eine klare Sprache: Große Teile der Arktis werden immer wärmer. Weiterhin gibt es Vermutungen, dass die langjährige Eisbedeckung innerhalb der nächsten 100 Jahre völlig verschwinden oder doch stark reduziert werden könnte. Wenn sich der Trend fortsetzt und die Hochrechnungen auch nur ansatzweise korrekt sind, sieht die Zukunft der Eisbären trüb aus. Die Welt könnte praktisch alle südlichen Eisbär-Populationen verlieren – auch jene der westlichen Hudson Bay.

Es ist tragisch, dass wir ernstlich befürchten müssen, dieses prächtige und starke Tier zu verlieren, das sich zum ultimativen Raubtier der Arktis entwickeln konnte. Wenn ich auf die letzen 25 Jahre meines Lebens zurückblicke, fühle ich mich privilegiert, weil ich die Möglichkeit hatte, die Polargebiete zu erforschen. Ich betrachte die Zukunft mit großer Trauer und frage mich, welches Erbe wir unseren Nachfahren hinterlassen.

Nick Lunn, Wissenschaftler, *Canadian Wildlife Service*

UNTERWEGS IM NORDEN

Aufregende und spannende Motive zu fotografieren sind die eine Sache. Dorthin, wo die Bilder sind, zu reisen aber eine ganz andere. Hier nun ein kleines Beispiel von sehr vielen aus all den spannenden Jahren.

Die Reisen beginnen mit langen, wohlüberlegten Phasen des Packens. Fotoausrüstung und Persönliches müssen verstaut werden. Meist reise ich mit 60 bis 80 Kilogramm Gepäck. Seit Jahren fliege ich mit Air Canada, sammle Punkte und erhalte einen Vielfliegerstatus, der sich im alltäglichen Reiseleben als unbezahlbarer Vorteil erweist.

Mit meinem Freund Luke in Coral Harbour hatte ich mich verabredet. Wir wollten jetzt, Anfang Juni, nach Walrossen suchen. Der Flug dorthin startet von München aus über Toronto nach Winnipeg. Dort Übernachtung. Am nächsten Morgen Weiterflug mit einer alten, klapprigen, etwa dreißig Jahren alten, zweimotorigen Hawker. Durchgesessene Sitze, viel zu heiße Luft, zugige Türen, laut und stickig – das Abenteuer hat begonnen. Nach fünf Zwischenlandungen in Inuitdörfern und acht Stunden Flug komme ich endlich in Coral Harbour an. Das Wetter ist schlecht. Luke entschuldigt sich und hat einen Freund geschickt. Alles ist für die Abreise am nächsten Tag vorbereitet: zwei Motorschlitten, ein Hundegespann mit langem Inukschlitten (Komatik), allen Lebensmitteln, Zelte, Gewehre und alles, was man so auf dem Land „on the land" für zwei Wochen braucht. Wir brechen am frühen Morgen zu fünft auf, drei Inuit, Elli, ich und sieben Schlittenhunde. Alles läuft prima. Fast lautlos gleitet der Schlitten über das nasse Frühlingseis. Nur das Hecheln der Hunde ist hörbar. Paradiesisch.

Mit dem Hundeschlittengespann auf der Suche
nach Walrossen auf nassem Eis im Juni.

Der Schlitten ist schwer beladen mit dem Kanu, in dem wir sitzen und der Ausrüstung. Die Seile des Komatik ächzen unter der Last. Plötzlich reißt das Seil, das die Planken zusammenhält und die rechte Kufe knickt ein. Alles muss mühsam abgeladen und auf das Eis gepackt werden. In geschickter Kleinflickarbeit werden die Seile repariert, wieder verzurrt und verladen. Weiter geht die Fahrt. Nach fünfhundert Metern kollabiert die linke Seite. Nein! Nicht schon wieder! Das Ritual beginnt von vorne. Wir verlieren wertvolle Stunden, doch niemand wird laut oder hektisch. Der Schlitten steht fertig zum Abfahren bereit, doch: Wo sind die Hunde!? Niemand achtete auf sie. Mit dem Fernglas sehen wir sie, ihre Freiheit genießend, am Horizont. „Wozu brauchen wir Hunde?" fragen wir uns verzweifelt. Die Fahrt geht mit den Motorschlitten weiter, aber lauter und viel schneller. Wir jagen über das raue Eis.

Eine Achterbahn ist wie eine frisch geteerte Autobahn dagegen. Stundenlang sitzen wir völlig verkrampft vom Festhalten und durchgefroren im Kanu. Gegen Mitternacht erreichen wir bei einer Landzunge unseren Zeltplatz. Fast. Der Spalt zwischen Eis und Land hat sich auf über einhundert Meter verbreitert. Der Landzugang bleibt uns versperrt. Zu allem Überfluss bemerken wir ein fast faustgroßes Loch im Bug des Kanus. Allen wird schlagartig klar: dies ist das Ende dieser Tour, bevor sie überhaupt richtig angefangen hat.

Wir treten sofort den Rückweg zum Ort an. Auf diesem Weg ertrinken wir fast in einer offenen Wasserrinne und versenken einen Motorschlitten. Im Ort glücklich angekommen, brechen wir alle in schallendes Gelächter aus und nehmen uns vor, es demnächst wieder zu versuchen.

Reisen in der Arktis bedeutet: Geduld, Geduld und nochmals Geduld. Geduld mit den Menschen, den Maschinen, dem Wetter, den Tieren und sich selbst. Sonst dreht man durch. Nach jeder erfolglosen Tour kommt irgendwann eine Traumtour. Um *die* zu erwischen, komme ich immer wieder.

Eisigen Stürmen und Wolken von
Mücken trotzte Elli als meine
treue Kameradin und Assistentin
in der Wildnis des Nordens.

Fünf Tage Warten hinter einer Schnee-
mauer, die vor einer Eisbährenhöhle
aufgebaut worden war. Die Bärin verließ
die Höhle nachts. Alles umsonst.

Luke pirscht sich langsam an zwei Walrosse heran, die auf der Eisscholle dösten.

EISBÄREN FAKTEN UND ZAHLEN

WISSENSCHAFTLICHE BEZEICHNUNG

• Eisbären zählen zur Gattung der Carnivora. Ursidae, der Familienname aller Bären teilt sich in drei Untergattungen. Ursinae beinhaltet Eis-, Braun-, Lippen- und Malaienbären; zu den anderen beiden Untergattungen zählen Brillenbären und der große Panda.

POPULATION

• Schätzungsweise gibt es auf der Welt heutzutage ca. 20.000 bis 25.000 Eisbären. Seit den 1960er Jahren hat sich diese Anzahl aufgrund von Jagdbeschränkungen mehr als verdoppelt. Im allgemeinen gilt die Spezies daher nicht als gefährdet.
• Erwachsene weibliche Bären können in Freiheit fast 30 Jahre alt werden; männliche Bären leben gewöhnlich rund 20 Jahre. Der älteste bekannte Bär der Spezies starb mit 41 Jahren in einem Zoo.

KÖRPERLICHE CHARAKTERISTIK

• Männliche Bären, wiegen gewöhnlich 350 bis 650 kg. Somit sind sie mehr als doppelt so schwer als durchschnittliche Weibchen, die normalerweise zwischen 150 und 250kg wiegen. Sie werden 2,50 bis 3 Meter groß; die weiblichen Bären sind meist um einiges kleiner.
• Bei Eisbären sind die Vorderbeine kürzer als die viel kräftigeren Hinterbeine. Die Pranken sind im Schnitt 30 cm groß und haben Klauen, die nicht herausgefahren werden können. Die Fußsohlen haben ein schwarzes, gekräuseltes Polster, um auf Eis besseren Halt zu finden.
• Eisbären haben eine schwarze Haut mit einem dicken, öligen Pelz, der sie vor Kälte schützt.
• Das Essen wird schnell in Stücken geschluckt; die 42 Zähne der Eisbären werden meist dazu benutzt, Fleisch zu zerschneiden.

BEWEGUNG

• Obwohl sie langsam und schwerfällig wirken, können Eisbären auf eine Geschwindigkeit von bis zu 40 km/h kommen.
• Eisbären sind extrem gute Schwimmer. Sie sind auch in der Lage, stundenlang durch eisiges Wasser zu schwimmen.

SINNE

• Eisbären hören und sehen genauso gut wie Menschen. Durch ihren Geruchssinn können sie Beute auf bis zu 32km Entfernung wittern.

LEBENSRAUM

• Eisbären oder Überreste von ihnen wurden sogar fast in Höhe des Nordpols gefunden. Meist wagen sich die Tiere allerdings nicht weiter als über den 82 nördlichen Breitengrad hinaus, da sie dort keine Beute mehr finden.

NAHRUNG

• Eisbären ernähren sich weitgehend mit Ringel- und Bartrobben. Abhängig von ihrem Aufenthaltsort und ihrem Hunger fressen sie aber auch Landsäugetiere wie Rentiere, Wasservögel, Fisch oder Vegetation und fressen auch Walkadaver oder Essensreste, die der Mensch hinterlassen hat.
• Sobald sich festes Eis auf dem Meer bildet, versuchen die Bären, ihrer Hauptnahrungsquelle, den Seehunden, nachzustellen. Man hat herausgefunden, dass Eisbären etwa zwei Kilogramm Seehundfett pro Tag zu sich nehmen müssen, um zu überleben. Wenn sie also einen Seehund pro Woche erbeuten, würden sie gut davon leben können. Pro Jahr erbeutet ein Eisbär etwa 50 – 70 Seehunde. Ist er sehr erfolgreich, so frisst er nur noch den energiegeladenen Speck der Robbe.
• Um ihre Beute zu fangen, haben Eisbären drei verschiedene Methoden. Entweder sie warten regungslos neben einem Wasserloch, um eine Robbe zu fangen. Oder sie jagen hinter Robben her, die sich auf dem Eis sonnen; Eisbären halten eine Distanz von 15 bis 30 m, bevor sie auf ihre Beute zujagen. Eine weitere Methode der Bären ist die Jagd durch das Wasser, die sie ebenfalls zur Robbenjagd auf dem Eis nutzen: Hier nähern sich die Bären schwimmend, um dann blitzschnell aus dem Wasser auf ihre Beute zu stürzen.

FORTPFLANZUNG

• Mit vier Jahren erreichen weibliche Eisbären gewöhnlich ihre Geschlechtsreife, die männlichen Bären zwei Jahre später. Viele von ihnen brauchen weitere zwei bis vier Jahre, um erfolgreich für Nachwuchs zu sorgen.
• Weibchen sind nur alle drei Jahre, zwischen April und Mai, empfängnisbereit. Dies führt natürlich zu einem erbitterten Wettkampf unter den Männchen. Die Schwangerschaft dauert ungefähr acht Monate.
• Junge werden gewöhnlich als Zwillinge geboren und wiegen jeweils rund 450 bis 680 Gramm. Blind und taub während der ersten Lebenswochen werden sie von ihrer Mutter bis zu 30 Monate lang gesäugt.

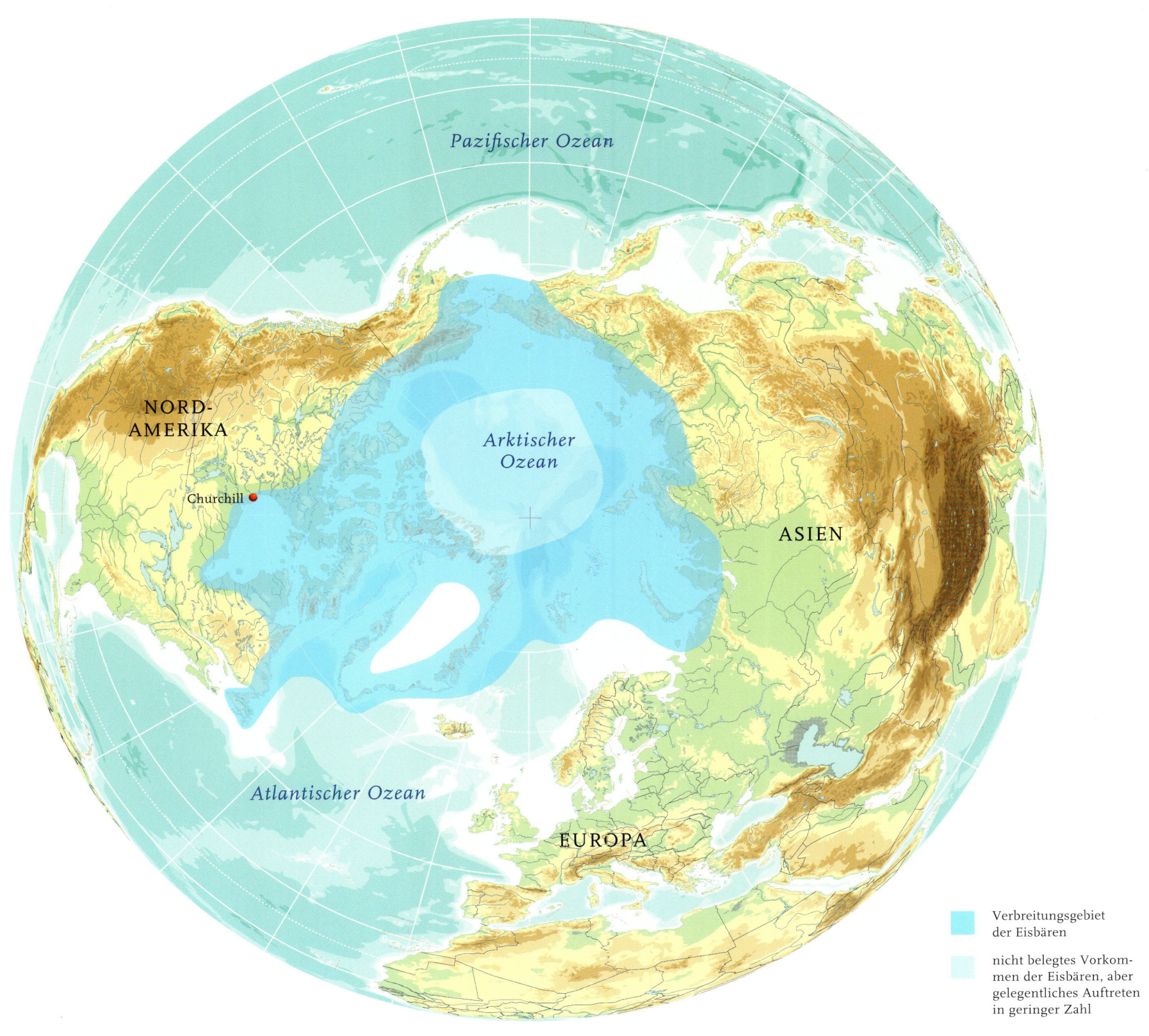

Pazifischer Ozean

NORD-
AMERIKA

Churchill

Arktischer
Ozean

ASIEN

Atlantischer Ozean

EUROPA

Verbreitungsgebiet
der Eisbären

nicht belegtes Vorkom-
men der Eisbären, aber
gelegentliches Auftreten
in geringer Zahl

GEDANKEN ZUR NATURFOTOGRAFIE

Die Bilder in diesem Buch wurden alle analog (Film) fotografiert mit Leica R Kameras und Objektiven mit Brennweiten von 16 - 800 mm. Als Filmmaterial verwendete ich Fujichrome Velvia 50, Velvia 100F, 100, Provia 100 und 400. Bei den meisten Motiven verwendete ich ein solides Stativ (Linhof, Manfrotto, Gitzo und Berlebach) sowie für Luftaufnahmen einen Gyro Stabalizer.

Wird dieses Buch mein letztes analog fotografiertes Buch sein? Alle Zeichen sprechen dafür. Ich bin noch nicht auf das neue Medium, die digitale Fotografie, umgestiegen, aber ich beobachte den Markt und die Kollegen. Die alles entscheidende Frage für mich als Anhänger des perfekt fotografierten, nicht nachbearbeiteten Bildes ist: wird das digital fotografierte Bild qualitativ besser und bleibt es glaubwürdig? Bisher für mich: Nein. Diese Frage muss jeder Fotograf für sich entscheiden. Die Industrie und die Agenturen haben sich eindeutig für das neue Medium entschieden. Analoge Fotografie ist schon jetzt in eine Nische gedrängt. Kann sie überleben? Wer kann analog überhaupt noch überleben? Noch gibt es Redakionen, Verlage, Agenturen und nicht zu vergessen, Diavortragsbesucher, die ein brillantes Dia zu schätzen wissen.

Woran erkennt man heute Naturfotografen im Feld? Tagsüber wird fotografiert auf „Teufel komm raus". Eine Speicherkarte nach der anderen wird gefüllt. Am Abend nehmen sie am Sozialleben nicht mehr teil. Unmittelbar nach der Arbeit draußen im Feld essen sie schnell, um dann gleich ihre Bilder am Laptop runterzuladen, zu besichtigen und zu bearbeiten. In den Aufenthaltsräumen der Buggies in Churchill wird es am Abend sehr einsam.

Zugegeben, die neue Technik bietet eine Fülle neuer, nie dagewesener Möglichkeiten und Bilder entstehen, die vorher nicht denkbar waren. Viele Fotografen aber verzweifeln heute am sogenannten Workflow, der Nachsorge der Bilder. Bislang traf ich nur auf wenige Kollegen, die die neue Technik ohne Wenn und Aber gutheißen. Die meisten fühlen sich von ihren Agenturen und anderen Kunden genötigt. Einige sagen, ich will nicht zurückschauen auf den Film, ich muss mit der Zeit gehen, Nostalgie kann ich mir nicht leisten (I have to move on). Andere würden am liebsten zum Film zurückkehren, da sie das Gefühl haben, zum Sklaven des Bildschirmes geworden zu sein und tage- und wochenlang ihre Bilder fachgerecht bearbeiten müssen. Andere Fotografen können sich den professionellen digitalen Einstieg einfach nicht leisten und/oder geben ganz auf.

Die Freude am Bildermachen scheint uns abhanden zu kommen. Was passiert mit unserer Motivation, die uns raustreibt in die Natur, um bei Eis und Schnee, in Wüsten oder oben auf den Bergen das optimale Bild schon im Sucher zu sehen und nicht erst am Computer?

Die Zeit lässt sich nicht zurückdrehen und die Entwicklungszyklen neuer Produkte werden sich noch schneller drehen. Ich für meinen Teil bin froh und dankbar, dass ich die Blütezeit des Films miterleben und mitgestalten durfte. Ich freute mich wie an Weihnachten, wenn ein neues, noch besseres Objektiv auf den Markt kam und das Korn des Filmes noch feiner wurde. Das Betrachten der Dias auf dem Leuchtpult, wo sie dann wirklich leuchteten, oder wo sie ihre absolute Stärke in der Diaprojektion bewiesen. Und, wo ich ein Original in Händen hielt. Das sind meine Gedanken heute, im September 2006. Wie werden meine Gedanken in der Zukunft sein?

FÜR ELLI

Seit dreissig Jahren gehen wir nun gemeinsam durchs Leben. Danke für all die Jahre in denen Du an mich geglaubt hast, mich unterstützt hast und mich hast ziehen lassen, wenn die innere Unruhe zu gross wurde. Ich hoffe wir werden auch weiterhin gemeinsam die Wunder der Arktis erleben können.

DANKSAGUNGEN

In Churchill:
Brian Ladoon für Freundschaft und jahrelange Unterstützung; M&M Ventures: Mike, Lawreen und Morris Spence, Allan Oman (genannt: Amak), James Spence, Tommy Saunders und Darryl McLaughlin und der ganzen Mannschaft der Wat'chee Lodge; Mike Macri mit Familie von Sea North Tours; Cam Elliott, Bob Reside, Melissa Gibbens, Sarah Boyli und Stacy Jack und die Mitarbeiter des Wapusk National Park; Merv und Lynda Gunter von Tundra Buggy tours; Don und Marylin Walkosky von Great White Bear Tours; Peter (Pete) Anderson; Edgar Botelho; Murry Gillespie; Nick Lunn vom Canadian Wildlife Service; Bonnie Chartier vom Churchill Wilderness Encounter; Roger Woloshyn, the Starman; Mike Goodyear und Heather McLeod von Gyrfalcon Expeditions; Robert und Caroline Buchanan von Polar Bears International; Hudson Bay Helicopters: Tony Bembridge, Joan Brauner und der ganzen Mannschaft, besonders dem Artisten der Lüfte: Louis Lemieux; Paul und Matt Ratson von Adventure Walking Tours; der Webber Familie von Webber's Lodges; Tony, Helen, Frederic, Jessica und Vasco Da Silva von Gypsy's Bakery; Leona Tkachyk, der guten Seele von Churchill und ihre exzellenten Kochkünste und Geschichten; Mark Ingelbrigston von North Star Tours; dem Eskimo Museum; Louise Foubert und Dwight Allen mit Familie vom Polar Inn; Penny und Jenny Rawlings von der Arctic Trading Company; Wayne Bildenduke; Kevin Burke; Calm Air International; Air Canada; Churchill Motel; Seaport Hotel; Betty Brenner von Northern Images; Bill Calnan; und allen, die wir hier vergessen haben zu erwähnen, die uns in Churchill geholfen haben.

In Coral Harbour:
Luke Eetuk, mein Freund und Guide mit seiner Familie.

In Holman:
Morris Nigijok und seiner Familie, Donald Nataina, Allen Pogotak und Harold Wright.

In Cambridge Bay:
Kevin Smart, der mir viele Türen „up there" geöffnet hat und der die Arbeit im Freien sehr mag; Luke Cody, der Laserich Familie, Joe und Susie, Allen Kitigon und Amos Wamikon.

In Igloolik:
Brad Parker und seiner Familie von Igloolik Outdoor Adventures; Pakak Qamaniq, Kevin Attaggutaluktuk und Adam Qanatsiaq.

SPEZIELLER DANK

Für Freundschaft: Karl-Heinz und Regina Henseli, Michael Martin und Elke Wallner, Bernd und Manuela Ritschel, Konrad und Andrea Wothe, Günny und Sibsi Lenz, John und Anna Echave, Art Wolfe, Carmen Rohrbach, Hartmut und Ely Krinitz, Rainer und Karin Harscher.
Meiner Familie: Ludger, Margret, Monika und Elisabeth, Georg, Elke, Fabian und Leon Rosing, Waltraud (Pünktchen) und Reiner Berste, Dieter, Charlotte, Jürgen und Bernd Niggemann, Fritz, Annerose, Irene, und Michael Korn, Helmut Hribernigg, Hartwig und Dietlind Hagenguth.

BESONDERER DANK AN

– Leica Camera AG für die Kameras und Objektive, in denen „Herzblut"
  steckt und die noch eine „Seele" haben. Von diesen beiden Eigenschaften lebt der „Mythos Leica".

– Hubert, Brigitte, Stefanie und Christina Tecklenborg für langjährige
  Partnerschaft und Freundschaft und die Umsetzung einer Idee
  in ein neues hochwertiges „typisches" Rosing/Tecklenborg Buch.

– Reinhard Hiesinger und Klaus Bothe von Novoflex für Freundschaft,
  Beratung und Unterstützung.

– Firma Berlebach für das ausgezeichnete Ministativ.

– Norden Tours in Hamburg für die Fahrt nach Spitzbergen.

– Dank auch an meine Vortragsveranstalter und natürlich mein treues
  Publikum in Deutschland, der Schweiz und Österreich.

– LaTerra Magica für Hilfestellungen in der digitalen Welt.

– Gerald Rinske, meinen Webmaster

BIBLIOGRAPHIE

ACIA. *Der Arktis-Klima-Report,* Hamburg: Convent Verlag, 2005

Bastedo, Jamie. *Falling for Snow: A Naturalist's Journey into the
world of Winter.* Calgary: Red Deer Press, 2003

Bruemmer, Fred. *World of the Polar Bears.* Toronto: Key Porter Books,
1989

Davis, Neil. *The Aurora Watcher's Handbook.* Fairbanks:
University of Alaska Press, 1992

Greenler, Robert. *Rainbows, Halos and Glories.* Cambridge:
Cambridge University Press, 1980

Lynch, Wayne. *A is for Arctic: Natural Wonders of a Polar World.*
Toronto: Firefly Books, 1996

Ovsyanikov, Nikita. *Polar Bears: Living with the White Bear.*
Vancouver: Raincoast Books, 1996

Stirling, Ian. *Polar Bears,* Toronto: Fitzhenry & Whiteside, 1988

WEBSITES

Churchill Northern Studies Centre, www.churchillmb.net/~cnsc/

Fujifilm: www.fujifilm.de

Great White Bear Tours, www.greatwhitebeartours.com

Hinterland Who's Who, Canadian Wildlife Service, www.hww.ca

Leica, www.leica-camera.com

Lowepro, der Fotorucksackspezialist: www.lowepro.com

National Geographic Image Collection, www.nsgimages.com

Norbert Rosing, www.rosing.de

Norden Tours, Spezialist für Schiffsreisen in die Arktis:
www.norden-tours.de

Novoflex, www.novoflex.de

Polar Bears International, www.polarbearsinternational.com

Species at Risk, Environment Canada, www.speciesatrisk.gc.ca

Tundra Buggy Adventure, Frontiers North, www.tundrabuggy.com

Wapusk National Park of Canada, www.pc.gc.ca/pn-np/mb/wapusk

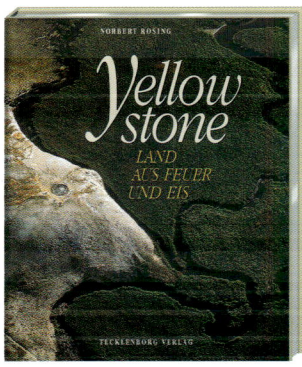

Norbert Rosing
YELLOWSTONE
168 Seiten, 174 Abbildungen
Gebunden, 24 x 30 cm
€ 49,80 / sFr 85,–

Es gibt wohl keinen anderen Nationalpark der Welt, der mehr Superlative
aufweist als der Yellowstone. Neben
der überwältigenden Vielfalt der Landschaft ist der Yellowstone vor allem
aber auch Heimat für eine Fülle von
freilebenden Großtieren. Schwarzbären
lassen sich dort ebenso gut beobachten
wie Grizzlybären, Elche, Wapitis,
Großhornhirsche, Pumas und nicht
zuletzt die mächtigen Bisons, von
denen es inzwischen wieder einen statt-
lichen Bestand gibt und die auf dem
besten Weg sind, die Prärien außerhalb
der Parkgrenzen zurückzuerobern.
Norbert Rosing, einer der besten deutschen Naturfotografen, durchstreifte
den Nationalpark über ein Jahr lang,
und es gelang ihm, den atemberauben-
den Zauber des Yellowstone in seinen
Bildern einzufangen.

Helfried Weyer
ANTARCTICA
152 Seiten, 137 Abbildungen
Gebunden, 30 x 24 cm
€ 49,80 / sFr 85,–

Einer der wenigen Orte, die noch den
Zauber einer unberührten Natur ver-
mitteln, ist die Antarktis. Klares
Wasser, blau schimmerndes Eis und
der weite Himmel über einer unend-
lichen, von Menschenhand unberüh-
ten Landschaft, prägen das Bild
dieses Ökosystems. Der erfolgreiche
Autor und Fotograf Helfried Weyer
zeigt in seinem Buch nicht nur
die berauschende Intensität der Eis-
welt und der dort lebenden Tiere,
sondern blättert darüber hinaus im
Buch der Geschichte und berichtet
ausführlich über die Erforschung des
weißen Kontinents. Die Namen
Amundsen Scott oder Shackleton
stehen auch heute noch stellvertretend
für einen unerschrockenen Entdecker-
geist ist. Ein Buch über eines der
größten Abenteuer im ewigen Eis.

Norbert Rosing
DEUTSCHE NATIONALPARKS
200 Seiten, 225 Abbildungen
Gebunden, 24 x 30 cm
€ 45,– / sFr 78,–

Die deutschen Nationalparks:
Bizarre Felsformationen, sanft
geschwungene Dünen – bedrohte Tiere,
seltene Pflanzen. In diesem beein-
druckenden Bildband werden die deutschen Nationalparks in Text und Bild
umfangreich dokumentiert.
Mit dem Auge der Kamera führt uns
der Naturfotograf Norbert Rosing
durch die vielfältigen und einmaligen
Lebensräume unserer heimischen
Nationalparks. Mit Aufnahmen von
bestechender Qualität gewährt er
uns Einblicke in die Schönheit einer
von Menschen unberührten Natur.
Neben der großen Bildauswahl infor-
miert das Buch ebenfalls sachlich
über die Besonderheiten der Tier- und
Pflanzenwelt.

Michio Hoshino
ARCTIC ODYSSEE
124 Seiten, 110 Abbildungen
Gebunden, 30,5 x 22 cm
€ 39,80,– / sFr 69,20

„Ich sah die Ankunft der Buckelwale
in der offenen See und die großen
Karibu-Herden auf ihren Wanderungen.
Ich bewunderte die Gletscher und
durchstreifte die Urwälder Südost-Alas-
kas. Kurz vor Beginn eines neuen Jahr-
tausends scheint sich bei vielen von
uns ein neues Bewußtsein einzustellen,
das erkennt, wie weit sich der Mensch
von der Natur und ihren Gesetzen
entfernt hat. Durch meine Gespräche
mit den Eskimos und den dortigen
Indianern versuchte ich ihre Botschaft
zu vernehmen, um unsere eigene
Beziehung mit der Natur wiederzu-
beleben." So schreibt der japanische
Naturfotograf Micho Hoshino in seinem
Bildband über seine einjährige Reise
in die Arktis. Dieses Buch ist gleichzeitig
aber auch ein Vermächtnis des viel
zu früh verstorbenen Naturfotografen
Michio Hoshino.